A INTELIGÊNCIA EMOCIONAL
NAS NEGOCIAÇÕES COMERCIAIS

Como a emoção, o comportamento e a técnica definem o sucesso da negociação

DEISE MACHADO

A INTELIGÊNCIA EMOCIONAL
NAS NEGOCIAÇÕES COMERCIAIS

Como a emoção, o comportamento e a técnica definem o sucesso da negociação

PRIMEIRA CLASSE

Preparo de originais: Gabrielle Antunes

Revisão: Denise Himpel

Diagramação: Danielle V. Cardoso

Capa: Ygor Moretti

Catalogação na publicação
Elaborada por Bibliotecária Janaina Ramos – CRB-8/9166

M149i

Machado, Deise

A inteligência emocional nas negociações comerciais - Como a emoção, o comportamento e a técnica definem o sucesso da negociação / Deise Machado. – Rio de Janeiro: Ases da Literatura, 2023.

288 p.; 14 X 21 cm

ISBN 978-65-83202-05-5

1. Inteligência emocional. 2. Negociação (Administração de empresas). I. Machado, Deise. II. Título.

CDD 152.4

Índice para catálogo sistemático

I. Inteligência emocional

Dedico este livro ao meu filho, Lucas Afonso,
com quem tento aprender e ensinar diariamente
a inteligência emocional na relação com o outro.

AGRADECIMENTOS

Ao meu esposo, Sidney Afonso, pela sua sapiência, complacência e incentivo dedicados a este projeto.

PREFÁCIO

A Inteligência Emocional (IE) tem sido reconhecida como uma capacidade individual para compreender e gerir as emoções próprias de uma forma maleável às experiências do quotidiano. Essa capacidade de gerir as emoções individuais e entender a dos outros permite estabelecer uma ligação importante e, sobretudo, desenvolver relações duradouras com os outros. Essas características são fundamentais para um vendedor ou gestor comercial.

Este livro é importante porque explora as diferentes formas de como a IE pode ser aplicada no domínio das vendas, desde construção de relações de confiança com os clientes até resolução de conflitos, bem como entender o processo de negociação. Na realidade, essas preocupações têm origem no domínio da psicologia do consumidor, mas que a autora faz uma ponte muito interessante com a área do marketing. Nesse sentido, pode-se dizer que a autora apresenta uma visão clara e prática de como a IE pode auxiliar um gestor comercial a lidar com clientes difíceis e como contornar as dificuldades e objeções. Em suma, contribui para aumentar a eficácia e eficiência no processo da venda.

Outro aspeto que merece atenção é a forma como a autora concilia a teoria e a prática, não se trata apenas de um livro sobre IE, mas procura evidenciar situações que ocorrem em contextos práticos de venda. Nesse sentido, esta obra é útil e relevante, sobretudo, para aqueles que trabalhem no domínio das vendas.

Por fim, gostaria de saudar a autora, que tive o prazer de ter tido como aluna e como orientanda de mestrado em Marketing e Estratégia, pelo interesse, sagacidade e rigor que demonstrou no breve percurso acadêmico que caminhei com ela. Em suma, gostaria de a felicitar por este empreendimento, pela abordagem adotada e pela clareza com que expõe as suas ideias. Por tudo isso, poderei afirmar que este livro é uma ferramenta valiosa e interessante para aqueles que querem aprofundar o seu conhecimento nesse domínio.

Parabéns, Deise!

Dr. José Carlos Pinho

Professor da Escola de Economia e Gestão da Uminho.Reconhecido pela Universidade de Stanford (EUA) e grupo editorial de Elsevier como um dos cientistas mais influentes do mundo.

SUMÁRIO

ÍNDICE DE QUADROS

ÍNDICE DE FIGURAS

LISTA DE SIGLAS

IE – Inteligência Emocional
FPN – Fases do Processo de Negociação
TAC – Teoria da Avaliação Cognitiva
CIE – Competência da Inteligência Emocional
AC – Autoconsciência
AM – Automotivação
AR – Autorregulação
E – Empatia
PEO – Perceção da Emoção do Outro
QEI – *Emotional Quotient Inventory* (Inventário do Quociente Emocional)
SR – *Self Regard* (Autoestima)
RT – *Reality Testing* (Teste de Realidade)
PS – *Problem Solving* (Resolução de Problemas)
AS – *Assertiveness* (Assertividade)
IN – *Independence* (Independência)
ST – *Stress Tolerance* (Tolerância ao Stress)
IC – *Impulse Control* (Controlo de Impulso)
SA – *Self-Actualization* (Autorrealização)
HA – *Happiness* (Felicidade)
RE – *Social Responsibility* (Responsabilidade Social)
IR – *Interpersonal Relationship* (Relacionamento interpessoal)
FL – *Flexibility* (Flexibilidade)
MTPN – Modelo Tridimensional da Perceção nas Negociações
CA – Comportamento Adaptativo
CAN – Composto de Apresentação Negocial

INTRODUÇÃO

Este livro aborda a Inteligência Emocional (IE) e a negociação, duas áreas do conhecimento pouco aprofundadas e que são cada vez mais relevantes para qualquer atividade profissional. Trata-se de um tema vasto e atual, que está presente num conjunto de áreas de atividade, nomeadamente nas áreas do trabalho, da educação, da liderança, da construção de relacionamentos sólidos e, ainda, na área comercial e de vendas. Embora seja um tema abrangente, o número de estudos sobre a Inteligência Emocional (IE) nas negociações empresariais é ainda muito reduzido. Observa-se que num período de vinte anos, poucos foram os trabalhos que se dedicaram a este assunto (e.g. Curhan e Mueller, 2006; Der Foo *et al.*, 2004; Hjertø e Schei, 2010; Kim *et al.*, 2014; Pulido-Martos *et al.*, 2013; Schlegel *et al.*, 2018; Stroh e Serov, 2011; Zehetner e Kraigher-Krainer, 2017). Além de ser pouco estudado este tema, a Inteligência Emocional (IE) é também pouco aplicada nas negociações empresariais. Por exemplo, Stanlley (2013) chama a atenção ao facto de as "habilidades de inteligência emocional serem raramente ensinadas aos profissionais de vendas" (p. xiv) e que a sua formação na área está sobretudo centrada nas habilidades e técnicas de venda. Contudo, a vertente técnica e a dimensão emocional devem estar interligadas de forma equilibrada, porque existem profissionais muito bons em "construir *rapport*, mas com dificuldade no processo de venda" (Stanlley, 2013, p. xiv). Nesta linha, a formação dada aos vendedores com base nas competências da IE é um investimento que pode trazer inúmeros benefícios (Fulmer e Barry, 2004). Na realidade, um bom negociador deve aprender como identificar e controlar as suas emoções, assim como, "reconhecer e abordar os aspetos emocionais de todas as partes relevantes e envolvidas" (Kelly e Kaminskienė, 2016, p. 59).

A IE na negociação permite, assim, aumentar a habilidade comunicativa do indivíduo e ajuda-o na promoção do relacionamento com o cliente (Deeter-Schmelz e Sojka, 2003). Além disso, tem como benefício tornar o negociador mais "simpático" (p. 260) e a incentivar demostrações mais colaborativas (Fulmer e Barry, 2004). Para além destes benefícios, é possível ainda constatar os resultados económicos obtidos por uma equipa de vendas formada em IE. A L'Oreal, por exemplo, num grupo de aproximadamente trinta vendedores com alto *score* de inteligência emocional, vendeu mais que outro grupo com *score* mais baixo (Stanlley, 2013). O mesmo resultado ocorreu com a American Express em que os funcionários de vendas participaram numa formação de "consciência emocional" de três dias e, no ano seguinte, as vendas ultrapassaram a dos colegas que não receberam essa formação (Stanlley, 2013). Estes resultados ajudam na decisão estratégica do líder, de maneira que ele possa enquadrar os seus profissionais conforme o perfil das negociações existentes no seu dia a dia, como, por exemplo, argumentam Curhan e Mueller (2006) que a negociação integrativa exige negociadores que saibam lidar melhor com a emoção. Por outro lado, é de destacar que uma negociação com mais de duas pessoas é mais complexa, pois vários estudos comprovam que a IE pode causar um efeito negativo nas negociações em grupo (Hjertø e Schei, 2010). Acredita-se que este efeito negativo esteja associado ao nível de IE de cada um e a própria estratégia de abordagem da negociação. Contudo, as negociações que seguem uma abordagem integrativa são as que mais resultados positivos produzem. E, só se sabe qual a abordagem mais apropriada até que se consiga conversar com a outra parte, como tal, é necessário lidar com este dilema de forma adaptativa. Assim como um camaleão muda de cor para se adaptar ao ambiente, o negociador pode aplicar o Comportamento Adaptativo (CA) (Wisker e Poulis, 2017), uma espécie de personalização da solução negocial (Delvecchio *et al.*, 2004). E, para tanto, os negociadores devem ter em mente a necessidade de incorporar o investigador que há dentro de cada um e mapear todas as informações necessárias sobre a substância negocial. Estar bem informado, preparar-se atempadamente, permitirá agir no modo Comportamento Adaptativo (CA) e improvisar de forma eficaz.

Com base nesta informação, podemos compreender a negociação como um processo holístico entre o comportamento, a emoção e a técnica, por isso, este livro está dividido em duas partes. A primeira diz respeito à inteligência, emoção e à inteligência emocional. A segunda parte, concentra-se na negociação, no seu contexto e no perfil do negociador.

No capítulo 1, a inteligência e a emoção, os pressupostos básicos para entender a Inteligência Emocional (IE). No capítulo 2, a IE e o seu processo evolutivo, conceitos e perspetivas dos autores. A partir do capítulo 3, mostramos a compreensão da IE para perspetiva da negociação, onde o leitor poderá conhecer os seus benefícios e aprender como desenvolver cada uma das competências da IE para ser um negociador emocionalmente inteligente. No capítulo 4, a atmosfera negocial e as Fases do Processo de Negociação (FPN). Nesta sequência, no capítulo 5 um aprofundamento na parte pessoal do negociador e chamamos a atenção para a importância do autoconhecimento, como força motora para ajudar a conhecer o outro e assim ser mais assertivo. Neste âmbito, o leitor aprenderá a construir a sua bagagem mental, o seu perfil sensorial, comportamental e cultural. No capítulo 6, o leitor poderá criar um plano estratégico, tão necessário para enfrentar o improviso dada a circunstância dinâmica do tema. Aqui, o leitor vai conhecer como identificar o nível de dependência das partes, mapear as informações, o poder e o tempo, criar valor e preparar a sua matriz de concessão. Por fim, no capítulo 7, o plano tático da negociação, que engloba variáveis essenciais para o encontro das melhores soluções, em que o leitor vai aprender como abordar, comunicar-se assertivamente, prospetar interesses e necessidades através do Composto de Apresentação Negocial (CAN), que permitirá ainda aprender a preparar-se para mostrar os seus argumentos de maneira mais adaptativa às circunstâncias. E, como não pode faltar, abordamos alguns elementos importantes para a fase do acordo, onde também se destaca que cada negociação é uma oportunidade para aprender e adquirir experiência. Portanto, sempre que estiver diante de um desafio, procure olhar o lado positivo e a aprendizagem obtida. Com certeza, assim, evoluirá evoluir ainda mais.

Se o mundo estivesse muito mais bem capacitado para negociar e comunicar com inteligência emocional, provavelmente teríamos menos conflitos e as guerras seriam inexistentes. Pense nisso!

PARTE I
A Inteligência, a Emoção e a Inteligência Emocional

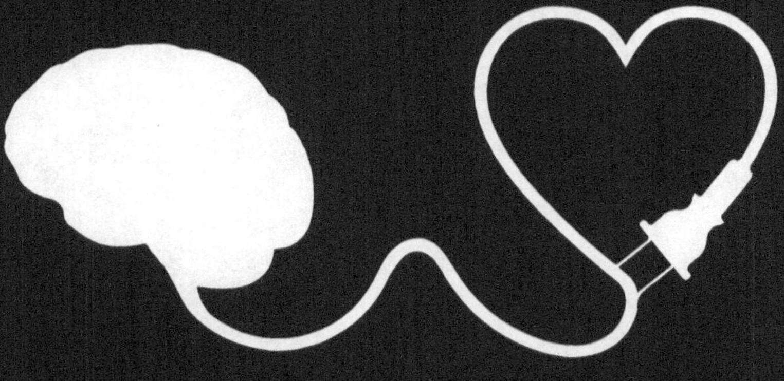

"Para abordar seriamente o conceito de Inteligência Emocional, é preciso compreender algo tanto sobre inteligência como sobre a emoção."
Mayer et al. (2004, p. 197).

CAPÍTULO 1

A INTELIGÊNCIA E AS EMOÇÕES

1.1 MAS AFINAL, O QUE É INTELIGÊNCIA?

Em consonância com a recomendação de um dos principais cérebros da Inteligência Emocional, procurei estudar um pouco o que é inteligência e as suas variáveis antes de entrar no tema central que é a IE.

Até os dias de hoje, inúmeros estudiosos se debruçaram para entender a inteligência humana e várias abordagens foram estabelecidas com o intuito de se definir o conceito geral de inteligência. Por isso, trago luz a alguns estudos para clarificar o conceito. Alguns destes, procuram vincular exclusivamente a inteligência ao nível de conhecimento adquirido. No entanto, é injusto afirmar que a inteligência é exclusivamente dependente de apenas um nível de "conhecimento específico: intelectual, linguístico ou social" (Scarr, 1989, p. 78).

Scarr (1989), argumenta que, para além do talento e do conhecimento, está a capacidade cognitiva do conhecimento em questão. Este investigador descobriu que o conhecimento e o nível de inteligência dos pais, influencia o conhecimento e a inteligência da criança. No entanto, este efeito ocorre queo os pais possuem consciência da importância do desenvolvimento da criança e agem em prol disso (Scarr, 1989), ou seja, envolve o conhecimento ao elemento cognitivo. Entende-se por cognição a "forma de conhecimento, de raciocínio e aquisição de conhecimento adaptados a objetos específicos de pensamento" (Wellman e Gelman, 1992, p. 366), ou seja, a capacidade de captar, associar e processar as informações.

Para Mayer, Roberts, e Barsade (2008), a inteligência é um processo mental que envolve raciocínio, memória, aprendizagem e associação de qualquer informação. Nesta mesma linha, Thorndike e Stein (1937) afirmam que é preciso ter "habilidade de entender e gerir" (p. 275) para desenvolver qualquer um dos tipos de inteligência existentes. Por exemplo, a inteligência "abstrata exige habilidade para entender e gerir ideias e abstrações; a mecânica envolve objetos e conceitos do ambiente físico; a Social envolve habilidade de entender e gerir pessoas" (Thorndike e Stein, 1937, p. 275).

Um olhar mais global do conceito de inteligência apresentado por Pretz e Sternberg (2005), permite-nos compreender que a inteligência é "uma capacidade metacognitiva, de assistir de forma seletiva, de focalizar os processos cognitivos, e de mudar de processamento à medida que as condições mudam" (p. 314). Portanto, o conceito de inteligência envolve variáveis, tais como:

- **Perceção:** processo pelo qual o indivíduo "observa, seleciona, organiza, interpreta e responde a um gatilho percetivo" (Jagodzinska, 2016, p. 75). Tem a ver com a "atenção" (Pretz e Sternberg, 2005, p. 314), "captação" (Wellman e Gelman, 1992, p. 366).

- **Conhecimento:** à medida que o conhecimento é usado de modo estratégico e direcionado para um fim específico, está em voga o processo cognitivo e, por fim, a essência do conceito da inteligência conforme destaca Scarr (1989). Neste aspecto, envolve a intelectualidade, "conhecimento linguístico e social" (Scarr, 1989, p. 78) e aprendizagem (Mayer *et al.*, 2008).

- **Memória:** a fase da perceção destacada como interpretação (Jagodzinska, 2016) ou a associação (Mayer *et al.*, 2008; Wellman e Gelman, 1992). É influenciada por vários fatores, entre eles, as "experiências passadas" (Robbins e Judge, 2003, p. 167). Portanto, o conhecimento adquirido e a capacidade de memorização, contribuem para a utilidade estratégica do conhecimento.

- **Velocidade:** produz um "processamento neural mais eficiente" (p. 314), ou seja, a inteligência está associada à velocidade com a qual o indivíduo percebe o ambiente, associa rapidamente a sua memória e emite a resposta (Pretz e Sternberg, 2005). Portanto, velocidade do processo cognitivo psicológico.

- **Adaptabilidade:** "flexibilidade estratégica,... mudar de processamento à medida que as condições mudam" (Pretz e Sternberg, 2005, p. 314). Esta variável pode ter relação com a facilidade e a criatividade na solução de problemas.

- **Prática:** que corrobora para o aumento da velocidade nas respostas e, obviamente, aumenta a eficiência processual (Pretz e Sternberg, 2005). Este é um ponto interessante e que acaba por sustentar toda a defesa que vem a seguir, pois fica claro que a ciência já comprova a eficiência da repetição de processos, ou seja, a prática proporciona ao indivíduo o desenvolvimento da inteligência. Assim, podemos subentender, então, que a inteligência pode estar ao alcance de qualquer pessoa.

Gardner (2011) procurou explicar a inteligência através de três estilos de aprendizagem (visual, auditiva e cinestética) e desenvolveu a teoria das múltiplas inteligências: inteligência cinestésica corporal, naturalística, lógico-matemática, visual, musical, linguística, intrapessoal e interpessoal (Inteligência Social) e argumenta que cada tipo de inteligência exige uma competência específica.

Enquanto, a inteligência social, Thorndike e Stein (1937) argumentam que ela exige um "complexo de várias habilidades diferentes ou um complexo de um número enorme de hábitos e atitudes sociais específicas"(p. 284). Gardner (2011) parte do princípio de que para entender a inteligência social é preciso compreender a inteligência intrapessoal e interpessoal (subconjunto da inteligência social) (p. 253-254):

> No seu estado mais primitivo, a inteligência intrapessoal equivale a pouco mais do que a capacidade de distinguir um sentimento de prazer e de dor. No seu nível mais avançado, o conhecimento intrapessoal permite detetar e simbolizar conjuntos de sentimentos complexos e altamente diferenciados. A outra inteligência pessoal se volta para outros indivíduos. A capacidade mais importante aqui é a habilidade em perceber e fazer distinções entre outros indivíduos e, em particular, entre os seus humores, temperamentos, motivações e intenções. (...) e, potencialmente, agir de acordo com esse conhecimento - por exemplo, a influenciar um grupo de indivíduos díspares a comportar-se de acordo com as linhas desejadas.

Em resumo, a inteligência social envolve "habilidade para avaliar os sentimentos e as próprias emoções, assim como as dos outros" (p. 189) e é distinguida como conjunto que integra a inteligência emocional (Salovey e Mayer, 1990). Contudo, a partir da clarificação do conceito de inteligência, a sua forma social aproxima-se mais da inteligência emocional, a evolução necessária e subsequente é compreender a emoção e o seu papel nas relações sociais.

1.2 O QUE É EMOÇÃO?

Interpretada pelos sociólogos como um instrumento que orienta o indivíduo no confronto de acontecimentos, a emoção tem um caráter padronizado, ou seja, a partir da repetição dos acontecimentos ao longo do processo evolutivo do homem, a reação emocional é sempre a mesma, a tal ponto "do repertório emocional... ficar gravado nos nervos como tendências inatas e automáticas do coração humano" (Goleman, 1995, p. 26). Portanto, esta reação aos acontecimentos externos é provocada por um agente ou instrumento detonador que acaba por acionar um mecanismo psicológico "(cognitivo, motivacional, fisiológico, experiencial), que tem para a pessoa uma determinada valência, positiva ou negativa" (Cunha *et al.*, 2003, p. 84). No entanto, a definição de emoção desperta a intenção de diversos autores, como apresentado no Quadro 1.

Quadro 1 – Definição da Emoção

DEFINIÇÃO	FONTE
Todas as emoções são, essencialmente, impulsos para agir, planos de instância para enfrentar a vida que a evolução instilou em nós.	(Goleman, 1995, p. 28)
Emoções são linhas da vida para a nossa autoconsciência e autopreservação que nos ligam profundamente a nós mesmos e às outras pessoas, à natureza e ao cosmo. As emoções nos informam sobre coisas da máxima importância para nós – pessoa, valores, atividades e necessidades que nos emprestam motivação, zelo, autodomínio e persistência.	(Segal, 2001, p. 13)
Respostas organizadas que atravessam as fronteiras de muitos subsistemas psicológicos, incluindo o sistema fisiológico, cognitivo, motivacional e experiencial. As emoções geralmente surgem em resposta a um evento, interno ou externo, que tem um significado positivo ou negativo para o indivíduo. As emoções podem ser distinguidas do conceito intimamente relacionado de humor, em que as emoções são mais curtas e geralmente mais intensas.	(Salovey e Mayer, 1990, p. 186)
É o resultado de um processo de tomada de decisão consciente ou inconsciente; É o resultado da mudança de um evento externo que é adaptativo para o indivíduo sentir a emoção e agir (p. 132). As emoções são estados complexos e organizados que consistem em avaliações cognitivas, impulsos de ação e de reações somáticas padronizadas (p. 198).	(Plutchik e Kellerman, 1980, p. 132 e 198)

Fonte: Elaboração própria

À luz do que os autores definem como emoção no Quadro 1, trata-se de um feedback estruturado apoiado na autopreservação e expresso através da comunicação verbal e não verbal (linguagem do corpo e da face) (Goleman, 1995; Segal, 2001; Salovey e Mayer, 1990). Além disso, a emoção por Plutchik e Kellerman (1980), apoiado na "visão darwiana" (p. xvi), tem uma função adaptativa ao ambiente e "ajuda a organizar o comportamento... de modo adequado ao meio"(p. xvi). Portanto, "a emoção orienta a ação e o comportamento em direção a objetivos importantes" (Davidson e Irwin, 1999, p. 11). Esta perspetiva valida ainda mais a possibilidade de um indivíduo desenvolver a inteligência emocional para se adaptar ao ambiente, ao adicionar memórias emocionais adquiridas ao longo do seu desenvolvimento. Esta memória emocional será utilizada para que o indivíduo possa comparar o estímulo e responder ao ambiente, tal como é discorrido no processo cognitivo da emoção.

1.3 PROCESSO COGNITIVO DA EMOÇÃO

Plutchik e Kellerman (1980) utilizam uma visão didática da emoção, que provoca uma amplitude do entendimento de como processualmente funciona. Primeiramente, os autores procuram analisar a emoção como um processo e não como um ato subjetivo. Por isso, acrescentam que a emoção envolve a "inferência construtora baseada em várias classes de evidências... que podem incluir relatos verbais sobre sentimentos internos, comportamentos expressivos e reações do grupo de pares, entre outros" (p. 4).

Quadro 2 – Desenvolvimento de uma emoção, comportamento e o efeito

ESTÍMULOS	INFERÊNCIA COGNITIVA	SENTIMENTO	COMPORTAMENTO	EFEITO
Ameaça	Perigo	Medo, terror	Correr ou voar para longe	Proteção
Obstáculo	Inimigo	Raiva	Morder, bater	Destruição
Companheiro potencial	Possuir	Alegria, êxtase	Cortejar, acasalamento	Reprodução
Perda de um ente querido	Isolamento	Tristeza, pesar	Chorar por ajuda	Reintegração
Membro de um grupo	Amigo	Aceitação, confiança	Cuidar, compartilhar	Afiliação
Facto traumático	Tóxico	Nojo, ódio	Vomitar, empurrar	Rejeição
Território novo	“O que há aí?”	Antecipação	Examinar, mapear	Exploração
Romance repentino	“O que é isso?”	Surpresa	Parar, alertar	Orientação

Fonte: Plutchik e Kellerman (1980, p. 16)

O Quadro 2, inundado de exemplos sobre o desenvolvimento de uma determinada emoção é iniciado por uma sequência: "o estímulo, inferência cognitiva, sentimento, comportamento e efeito" (p. 16). Cada parte dessa sequência pode ser interpretada da seguinte forma:

- **Estímulo:** qualquer tipo de evento que possa tirar o indivíduo da posição de conforto, ou seja, qualquer situação que requer tomada de decisão.
- **Inferência cognitiva:** Esta etapa exerce um papel interessante. Ela é responsável por interpretar o evento e emitir o significado. Portanto, a interpretação recorre à memória emocional para dá um significado ao estímulo.
- **Sentimento:** O significado obtido através da inferência cognitiva vai provocar um sentimento. Algo que ainda está intrínseco.
- **Comportamento:** Esta é a etapa na qual externalizamos o que sentimos. Exerce um papel importante, pois impulsiona para a ação, como correr para sobreviver.
- **Efeito:** Toda ação tem uma consequência. Portanto, nesta etapa, o comportamento produz um efeito que, no exemplo da ameaça, é a proteção.

1.4 A EXPRESSÃO DA EMOÇÃO

Para entender melhor o comportamento emocional e as expressões que emitimos, recorri a alguns estudos de Paul Ekman que, didaticamente, começa por explicar a visão de Charles Darwin, pioneiro a investigar a expressão da emoção (Ekman, 1998). Portanto, ao se aprofundar nas expressões emocionais, Darwin se tornou uma referência e descobriu que, independentemente da cultura, as expressões emocionais da face são "universais (ou seja, inatas não aprendidas), são o produto da nossa evolução" (Ekman, 1998, p. xxii).

É importante salientar que as expressões do corpo são compreendidas por Darwin como elemento de comunicação não universal e "socialmente aprendidas" (p. xxii), uma vez que cada cultura, possui a sua própria identidade e, com isso, expressa muito particularmente, um determinado significado emocional que pode, por sua vez, diferenciar-se de outras culturas (Ekman, 1998). Contudo, alguns gestos são universais, tal como o "encolher dos ombros [...] é utilizado em tantos lugares que é difícil não pensar que é um produto da nossa evolução" (Ekman, 1998, p. xxiii).

Assim, fica claro que o comportamento emocional é universalmente externalizado através da comunicação corporal (Goleman, 1995; Segal, 2001; Salovey e Mayer, 1990), sendo a base fundamental da relação social e desempenha ainda um papel fulcral nas negociações (Fisher, Ury, e Patton, 1991; Shell, 2011). A linguagem corporal (incluindo as expressões faciais) exerce uma importância especial, pois, de acordo com Ekman e Friesen (1969), as emoções não declaradas podem ser diagnosticadas através de uma correta interpretação da comunicação do corpo e da face.

"As expressões podem transmitir informações úteis sobre preferências; podem também assinalar intenções antipáticas ou malévolas" (Druckman e Olekalns, 2008, p. 1). No entanto, a exposição emocional no ambiente da negociação vai depender de algumas variáveis em jogo. Como, por exemplo: nível de dependência entre as partes, importância para o relacionamento no longo prazo, a escassez do recurso, entre outras. Para além destas varáveis mencionadas, entra a variável cultural que, segundo Druckman e Olekalns (2008), define o quanto o indivíduo será sensível ou não à emoção expressa na outra parte.

Em algumas culturas, as pessoas são educadas para aprenderem a não manifestar as emoções em público ou para desenvolverem mais a racionalidade emocional, ou seja, um olhar mais pragmático e analítico sobre as manifestações emocionais. O estudo realizado por Schimmack (1996) concluiu que em algumas culturas é possível identificar melhor o significado da emoção demostrada do que em outras; e que determinadas culturas possuem "regras de exibição emocional mais rígidas e, por isso, podem existir algumas diferenças culturais fiáveis no reconhecimento das emoções das expressões faciais"(p. 37). Portanto, o elemento cultural na emoção é valioso e precisa ser considerado, em especial, nas negociações internacionais.

Recentemente, reconhecida como uma dimensão vital nas negociações (Filzmoser, Hippmann, e Vetschera, 2016; Lewicki, Saunders, e Barry, 2014), a componente emocional pode orientar os métodos e determinar os desfechos negociais (Filzmoser *et al.*, 2016).

Uma negociação sindical composta por um grupo de negociadores patronais e sindicalistas inicia-se. Em jogo, o aumento salarial dos funcionários de uma determinada indústria. O grupo de negociadores patronais é composto por funcionários destas empresas que exercem um duplo papel. No auge da negociação, um dos negociadores patronais deixa transparecer uma expressão facial de aceitação da proposta emitida pelo grupo sindicalista. Afinal, ele seria beneficiado também. Contudo, por um momento, esqueceu-se do papel exercido na mesa de negociação e calçou os sapatos dos funcionários em defesa do grupo sindicalista. Neste momento, um dos negociadores sindicais percebe o ar de aceitação da proposta emitida pelo negociador oposto e afirma que compreende como proposta aceita já que fica evidente que um dos membros gostou dela. Diante desta afirmação, o líder das negociações patronais pede imediatamente uma pausa para tentar se aperceber melhor o que se passa. Por um pouco, não se perde a negociação para o lado sindicalista.

Portanto, é bastante considerável "entender o impacto da emoção no processo de negociação" (Fulmer e Barry, 2004, p. 250), uma vez que ela exerce um papel perigoso nas relações laborais, pois influencia positivamente ou negativamente o resultado (Kelly e Kaminskienė, 2016). Inclusive alguns estudos avançaram na compreensão do papel das emoções nos negócios, propondo-se a entender as emoções específicas ou apenas as emoções que influenciam positiva ou negativamente as colheitas futuras, que podem ser económicas ou psicológicas, como o afeto, a polidez e, portanto, fazem parte do processo relacional (Kong, Dirks, e Ferrin, 2014). E esta é a vertente do próximo ponto, que debruça sobre o efeito da emoção nas relações negociais.

1.5 EFEITO CONTAMINADOR E COLATERAL DA EMOÇÃO

A influência pode ser compreendida como um efeito de contaminação que, à luz do estudo realizado por Elfenbein (2014), um indivíduo consegue contaminar emocionalmente a outra parte. Este processo surge que a eclosão emocional de um acaba por contagiar o outro com os mesmos reflexos emocionais (Campagna *et al.*, 2016).

Kopelman, Rosette, e Thompson (2006) comprovaram através de pesquisas no âmbito negocial, que uma das partes manifestava uma determinada emoção, a outra é contaminada com a mesma emoção. Nesta mesma linha, Campagna *et al.* (2016) identificaram alguns efeitos colaterais da emoção emitida por uma das partes e refletida na outra contraparte. Uma delas é a emoção da **raiva,** que provocou aumento da desconfiança e stress e, a outra é a **alegria,** que despertou mais confiança na parte oposta (Campagna *et al.,* 2016). No entanto, a **raiva** pode exercer um papel estratégico na negociação, ou seja, pode proporcionar tanto benefícios como malefícios (Adler, Rosen, e Silverstein, 1998; Druckman e Olekalns, 2008). O negociador pode expressar a sua insatisfação sobre o resultado da negociação e redirecionar através da raiva para um resultado mais equilibrado (Druckman e Olekalns, 2008). Adicionalmente, Druckman e Olekalns (2008, p. 6) acrescentam que os investigadores da raiva na negociação revelam que o efeito benéfico seria evidente a raiva...

- é dirigida à tarefa e não à pessoa;
- é visto pelo outro como sendo justificado;
- a relação entre os negociadores é interdependente;
- a expressão tem valor informativo;
- os negociadores adotam uma abordagem estratégica que encoraja a utilização da expressão como informação que pode ajudar à coordenação.

Relativamente à emoção positiva, como por exemplo a **alegria**, expressada de maneira exagerada, pode provocar um efeito oposto, ou seja, a contraparte pode perceber esta manifestação como algo artificial e subserviente (Druckman e Olekalns, 2008).

Já a emoção da **tristeza** apresenta um papel comovedor que desperta na outra parte um sentimento de compaixão capaz de mudar o curso do acordo e impactar o resultado de um conflito, além de produzir um efeito de baixa confiabilidade na parte emocionalmente triste (Sinaceur *et al.*, 2015). A **ansiedade**, "estado que surge em resposta a uma ameaça... inclui o medo, frustração, stress, tensão, preocupação, apreensão e nervosismo" (p. 6), produz tropeços, apresentação de propostas medíocres ou até mesmo abandono repentino do processo negocial, mas aqui a pesquisa não torna evidente um efeito contaminador (Brooks e Schweitzer, 2011).

Na mesma linha destes efeitos (contaminação e colateral), Riess e Kraft-Todd (2014), na sua pesquisa voltada para o âmbito da medicina, comprovam que os médicos dotados de **empatia**, aqueles verdadeiramente capazes de sentir a dor dos pacientes, contaminam estes com uma espécie de sentimento de solidariedade que acaba por provocar uma sensação de diminuição na dor do paciente.

Em resumo, fica claro que as emoções positivas como, por exemplo, impressões relativas à **felicidade** (Gelfe *et al.*, 2006). "**Alegria e aceitação**, melhoram a tomada de decisões, aumentam os ganhos conjuntos" (Kelly e Kaminskienė, 2016, p. 57), corroboram para a solidificação e conexão entre as partes e ainda proporcionam um encontro de soluções inovadoras para um acordo harmonioso (Carnevale e Isen, 1986; Kelly e Kaminskienė, 2016). Por outro lado, as emoções negativas "podem promover a negociação ganha-perde, a rejeição de ofertas, reduz oportunidades de ganhos conjuntos e o desejo de trabalhar juntos"(Kelly e Kaminskienė, 2016, p. 57).

Diante destes estudos, fica claro que cada tipo de emoção provoca um efeito. Além disso, há evidência suficiente da importância da emoção no contexto negocial. Por isso que Wheeler (2014) afirma que o negociador deve saber gerir as suas próprias emoções no que diz respeito à capacidade de ser "racional, calmo, sagaz e possuir o controlo da situação"*(Lewicki et al.*, 2014, p. 143). Aliás "o negociador eficaz no século XXI deve ser capaz de abordar a dinâmica emocional"(p. 59) que envolve não só a compreensão e o controlo emocional de si, como também da outra parte (Kelly e Kaminskienė, 2016). Ele deve ser capaz de racionalizar as emoções dos indivíduos envolvidos, inclusive a sua própria (Cunha *et al.*, 2003). Wheeler (2014), afirma que racionalizar é ter capacidade de observar e interpretar a emoção da outra parte, para imprimir comportamentos conscientes.

A argumentação aparentemente antagônica de Cunha *et al.* (2003) e Wheeler (2014) de que é possível racionalizar as emoções é mais explícita através da lente da neurociência da emoção.

1.6 NEUROCIÊNCIA DA EMOÇÃO

Perante o prisma da neurociência, Goleman (1995) argumenta que o "centro da inteligência emocional" (p. 35) está na interconexão entre a amígdala e o neocórtex. Para entender melhor o que Goleman quer dizer com esta afirmação, será necessário conhecermos mais sobre o papel do cérebro nas emoções.

A amígdala é "uma pequena estrutura em forma de amêndoa localizada no hipocampo" (Phelps e Eerson, 1997, p. 311) e é responsável por identificar os sinais do ambiente e emitir feedbacks emocionais, em especial os estímulos percebidos que se referem a uma ameaça que produzem a emoção do medo (Dalgleish, 2004; Davidson e Irwin, 1999; Phelps e Eerson, 1997). Portanto, o comportamento resultante deste estímulo é baseado na "memória emocional" (p. 584) armazenada na amígdala (Dalgleish, 2004). De acordo com estes neurocientistas, através dos sistemas sensoriais, as amígdalas percebem a ameaça e emitem sinais endócrinos para o corpo que imediatamente parte para ação.

Em relação à "memória emocional", Darwin sinaliza que o homem carrega consigo memórias profundas provindas da era da autopreservação da espécie. Facto que justifica a universalidade da emoção. Assim, as reações imediatas às ameaças apresentadas fazem todo o sentido, pois se torna uma "questão de sobrevivência". No entanto, no mundo moderno, as respostas ao medo podem ser distorcidas da realidade percebida. É neste aspecto que os neurocientistas evoluíram para entender de que maneira o indivíduo poderia reagir mais adequadamente à ameaça sem provocar danos irreparáveis.

E no ambiente empresarial, negócios podem ser perdidos ou desfeitos se a interpretação de um ameaça ou estímulo emocional estiver distorcida.

A gree questão que impera é: Há um livre-arbítrio para a resposta emocional, ou seja, é possível escolher como reagir diante de um estímulo? A amígdala que representa a impulsividade, ou seja, a capacidade de reagir sem pensar ou analisar melhor a ameaça, é o único sistema a acionar as emoções?

A ciência descobriu através de uma experimentação realizada com pacientes que apresentavam algum dano na amígdala cerebral que, ao contrário do que se acreditava, a interpretação dos impulsos emocionais se mantinha de alguma maneira (Phelps e Eerson, 1997). Este facto pode ser justificado a partir do estudo realizado com a ressonância magnética (RM) em humanos realizado por Doutor Davidson e Doutor Irwin, os quais identificaram outras regiões do cérebro que emitem sinais emocionais além das amígdalas (Davidson e Irwin, 1999). "A resposta afetiva humana pode ser percebida em regiões interconectadas, tais como: córtex, amígdala, estriado ventral. Cada uma dessas regiões parece desempenhar uma função separada na emoção" (Davidson e Irwin, 1999, p. 19). O Doutor Hariri e seus colegas concluíram que o córtex exerce uma influência sobre as amígdalas, o que representa uma grande descoberta em especial para o desenvolvimento da inteligência emocional. Estes neurocientistas afirmam que (Hariri *et al.*, 2003, p. 494-p. 500):

> As regiões neocorticais regulam as respostas emocionais mediadas pela amígdala por meio de avaliação consciente. A avaliação cognitiva de expressões faciais de raiva e medo está associada a uma atenuação da resposta da

> amígdala a esses mesmos estímulos, fornecendo evidências de uma rede neural na regulação emocional. Essas interações dinâmicas fornecem um sistema pelo qual os humanos podem controlar e direcionar suas respostas emocionais por meio da avaliação e da avaliação consciente das suas experiências.

O neocórtex, por sua vez, está relacionado à área racional. Portanto, com base no raciocínio de Cunha *et al.*, (2003), Wheeler (2014) e Goleman (1995), pode-se dizer que a inteligência emocional é a capacidade de raciocinar a emoção. Este argumento faz sentido se tivermos por base o que o Doutor Hariri e seus colegas descobriram. Portanto, há uma legitimação neurocientífica da eficácia do desenvolvimento da inteligência emocional a começar pelo estado de autoconsciência que, inclusive, é uma das microcompetências da IE. É como se o sinal de perigo referido por Goleman, que explica ludicamente sobre a amígdala como "alarme de uma empresa", fosse reavaliado pelos operadores para empregar uma ação de modo mais apropriado.

Porém, poucos indivíduos usufruem deste mecanismo (Riess e Kraft-Todd, 2014) que alguns autores denominam como Inteligência Emocional (Deeter-Schmelz e Sojka, 2003; Goleman, 1995; Salovey e Mayer, 1990; Samuel, 2019; Segal, 2001; Weisinger, 1998).

Tal como recomendado por Mayer e seus colegas no início deste livro, compreender o que é inteligência e emoção faz mesmo todo o sentido. Nesta altura, já sabemos que a resposta impulsiva ao estímulo do ambiente pode ser melhor interpretada se permitirmos que o nosso cérebro veja o estímulo por outro ângulo, racionalize a situação ao mesmo tempo que o autoconhecimento contribui para não permitir que as memórias emocionais armazenadas possam definir a resposta comportamental. Para além disso, fica evidente que treinar, ou seja, praticar outras respostas, leva-nos a novos padrões de comportamento, muito mais adequados ao ambiente. Esta conclusão permite-nos olhar para a Inteligência Emocional como competência ao alcance de qualquer indivíduo.

CAPÍTULO 2

A INTELIGÊNCIA EMOCIONAL

A inteligência emocional tem sido amplamente discutida, pesquisada e procurada na atualidade. Muitos são os investigadores que dedicam o seu tempo ao aprofundamento do tema. E, também, muitas são as pessoas que procuram melhorar a sua qualidade de vida através das orientações emocionais estratégicas.

As empresas, por sua vez, passam a considerar as habilidades comportamentais e emocionais como *skills* fundamentais (Quadro 3).

Quadro 3 – 10 maiores *skills* do futuro – World Economic Forum – WEF

	2025	2020	2015
1	Pensamento analítico e inovador	Resolução de problemas complexos	Resolução de problemas complexos
2	Aprendizado ativo e aprendizado estratégico	Pensamento crítico	Colaboração
3	Capacidade para resolver problemas complexos	Criatividade	Gestão de pessoas

continua

	2025	2020	2015
4	Pensamento crítico e análise	Gestão de pessoas	Pensamento crítico
5	Criatividade, originalidade e iniciativa	Trabalho colaborativo	Negociação
6	Liderança e influência social	Inteligência emocional	Controle de qualidade
7	Uso de tecnologia, monitoramento e controle	Capacidade de julgar e tomar decisões	Orientação para servir
8	Design tecnológico e programação	Senso contribuinte Proativo	Capacidade de análise/julgamento e tomada de decisão
9	Resiliência, tolerância ao stress e flexibilidade	Negociação	Escuta atenta
10	Raciocínio, solução de problemas e idealização	Adaptabilidade Resiliência	Criatividade
11	Inteligência Emocional		

continua

	2025	2020	2015
12	Solução de problemas e experiência do usuário		
13	Orientação de serviço		
14	Análise e avaliação de sistema		
15	Persuasão e negociação		

Fonte: Adaptado de Schwab e Zahidi (2020) e Gray (2016)

O Fórum Económico Mundial (WEF) realiza uma pesquisa de cinco em cinco anos para identificar as habilidades exigidas no futuro (próximos cinco anos). No Quadro 3, as habilidades requeridas em 2015, 2020 e para 2025. Observa-se que a inteligência emocional surge na lista para 2020 e 2025.

O WEF especifica a IE como (Schwab e Zahidi, 2020, p. 154):

> Ser sensível às necessidades e sentimentos dos outros e ser compreensivo e útil no trabalho; ser agradável com os outros e mostrar uma atitude bondosa e cooperativa; preferir trabalhar com outras pessoas em vez de sozinho, e estar pessoalmente conectado com os outros; estar ciente das reações dos outros e entender por que eles reagem da maneira que o fazem.

Portanto, com base na argumentação do WEF, a IE aparece como competência para o benefício do outro e não de si mesmo. No entanto, sabemos que a IE é muito mais que isso. Afinal, para compreender e ser agradável com o outro é preciso ter autoconhecimento e gestão de si mesmo. Além disso, o WEF afirma que, para 2025, a "resiliência, tolerância ao stress e flexibilidade" (p. 154) são competências também requeridas (Schwab e Zahidi, 2020). Contudo, quando analisamos o significado de cada competência, entendemos que as mesmas fazem parte da IE.

2.1 A EVOLUÇÃO DA INTELIGÊNCIA EMOCIONAL

A curiosidade sobre os aspetos emocionais é bastante antiga e um dos importantes e significativos registos vem de Darwin que, em 1872 manifestou a necessidade de entender mais profundamente o motivo que fazia os seres humanos expressarem na face as mesmas emoções, ou seja, o conceito de universalidade emocional sustentado na questão do *why* (Ekman, 1998), como discutido na sessão anterior. No entanto, em 1928, David Mackaye apresenta no seu artigo uma discussão sobre a interdependência existente entre a emoção e a inteligência. O investigador acrescenta que "os fatores emocionais afetam fortemente a 'fecundidade' e a 'direção da inteligência" (Mackaye, 1928, p. 451). Este autor refere-se ao facto de que de nada adiantar ter conhecimento intelectual se o desequilíbrio emocional acaba por dominar a rotina do indivíduo, impedindo-o de muitas vezes, colocar em prática, de modo inteligente, todo o conhecimento que possui.

George, um ambicioso, inteligente e talentoso Advogado, tinha uma capacidade de trabalho incrível. Extremamente dedicado e perfecionista, era visto pelos colegas como uma grande referência na sua área de atuação. Estudioso da área, sabia sempre as repostas para todos os casos complexos que surgiam. Portanto, todos os seus colegas de trabalho procuravam George para tirar dúvidas das mais complexas que surgiam com frequência. Um dia, surge a oportunidade para George assumir a alta liderança do renomado escritório de advocacia. Um cargo há muito tempo almejado por ele. Inicia-se então um processo seletivo e os candidatos são analisados com base em competências comportamentais, emocionais e técnicas. Tal como o peso da responsabilidade da função, o processo seletivo foi minucioso e demorado. George já não aguentava mais esperar a resposta por um processo que perdurava meses. Foi então que o feedback veio e George caiu em frustração. Foi escolhido outro advogado, com mais qualificações comportamentais e emocionais por saber liderar pessoas, gerir as emoções da sua equipa, lidar com cada estilo comportamental dos seus colegas por ter uma visão mais ampla do problema e solucionar de maneira mais assertiva. George recebe então a notícia em choque. O feedback bem estruturado, legitima a decisão, exemplificando casos de problemas de relacionamento dele com os seus colegas. Realmente, ele era reconhecido pelo seu conhecimento intelectual, mas a sua equipa não estava confortável com a maneira com que George os orientava. Impaciente, autoconfiante ao extremo e focado em resultados, George esquecia-se da parte fundamental do seu trabalho, ou seja, as pessoas. Faltava-lhe inteligência emocional para saber lidar com as suas próprias frustrações e conseguir gerir melhor a emoção do outro.

Este é um exemplo de um caso verídico, cujo nome é fictício para preservar a identidade e é um exemplo do nosso quotidiano.

Seguindo a linha do Doutor Mackaye (1928), a emoção coloca em cheque o conhecimento intelectual, ou seja, a inteligência. Por exemplo, numa situação complicada em que, diante de um teste sobre um tema que dominamos, podemos apresentar dificuldades devido ao nervosismo que acaba por apagar, momentaneamente, todas as respostas da nossa memória. Assim sendo, a emoção caminha junto com a inteligência.

A partir de um olhar estabelecido pela análise transacional (teoria que usa o ego para explicar o comportamento humano), Claude Steiner (1979), psicoterapeuta, que foi aluno de Erick Bern (quem criou a Teoria da Análise Transacional), mencionou o termo "alfabetização emocional" no seu artigo escrito em 1979. A intenção do autor era apresentar um método para ajudar as pessoas a lidar com o alcoolismo. Steiner (2003) define como "alfabetização emocional a condição de ajudar as pessoas a trabalharem umas com as outras em cooperação, usando as emoções empaticamente para ligar as pessoas e melhorar a qualidade de vida coletiva" (p. 33).

A curiosidade sobre um dos aspetos que envolvem a inteligência emocional refletiu em um estudo realizado na década de 80, em que Dienstbier (1984) concluiu que o autocontrolo emocional é dependente do "significado atribuído ao estímulo emocional" (p. 510). Portanto, a avaliação deste significado "modera a eficácia em resistir à tentação" (Dienstbier, 1984, p. 510). Este argumento parece fazer sentido e justifica a reação emocional que cada indivíduo pode manifestar de modo diferente uns dos outros. A preocupação em entender mecanismos que possam corroborar para a obtenção do autocontrolo emocional, parece sinalizar que esta competência é suficiente, não importando ou não demonstrando ser percetíveis as demais competências que englobam a inteligência emocional como é destaca na década posterior.

Uma revisão da literatura sobre a inteligência emocional, a respeitar a linha do tempo, parece mostrar que Salovey e Mayer (1990), apesar de não terem sido os primeiros a cunhar o termo "inteligência emocional" de modo original, a considerar o estudo de Steiner (2003) que a menciona como "alfabeto emocional", foram os pioneiros a estabelecer uma cartilha sobre as microcompetências ou dimensões que envolvem a macrocompetência que é a inteligência emocional. Entre elas estão: "avaliação da expressão emocional de si mesmo e do outro, regulação emocional de si mesmo e do outro, utilidade da inteligência emocional" (Salovey e Mayer, 1990, p. 190 – 191). A partir deste momento, a história da investigação sobre a inteligência emocional passa a ter um ponto de referência, que representa o grande início do constructo.

Em Nova Iorque, um simples jornalista do jornal *The New York Times* teve um grande *trigger* ao ler um artigo científico sobre o tema inteligência emocional, publicado numa revista académica. O artigo, publicado em 1990, escrito pelo Doutor Peter Salovey e o Doutor John Mayer, transformou este jornalista num escritor de best-seller exatos cinco anos depois, através do livro: *Inteligência Emocional. A teoria Revolucionária que Redefine o que é Ser Inteligente*.

Conhecido como o grande disseminador da inteligência emocional nos quatro cantos do mundo, Daniel Golleman, transformou o jornalista num grande investigador e agregador do tema. Através do método SEL – *Social e Emotional Learning* – Golleman obteve uma grande aceitação no universo escolar, pois diversas escolas passaram a desenvolver a inteligência emocional nas crianças por meio deste método, através da disseminação realizada pela UNESCO aos mais de 130 países pelo mundo. Mais tarde, Golleman, desta vez já comprometido com a Universidade de Harvard, imputou a inteligência emocional no universo corporativo. Inclusive, um grupo de empresas passou a conhecer os benefícios deste tipo de inteligência a tal ponto que reuniu um comitê chamada de CREIO *Consortium of Research about Emotional Intelligence in Organizations* (Consórcio de Pesquisas sobre a Inteligência Emocional nas Organizações), hoje divulgado através do site http://www.eiconsortium.org/. O objetivo era alimentar a pesquisa com dados fiáveis que pudessem ser implementados nas organizações de maneira inquestionável (Goleman 1995).

Dedicado ao estudo da inteligência emocional desde os anos 80, o Doutor Reuven Bar-On que é citado por muitos, inclusive pelo Doutor Daniel Golleman como um dos referenciais da IE (Goleman, 1995), desenvolveu, em 1997, o Quociente da Inteligência Emocional que corresponde a um inventário de autorrelato composto por "comportamento emocional e socialmente inteligente e que fornece uma estimativa da inteligência emocional-social" (Bar-on, 2006, p. 4). Bar-on, psicólogo e professor da Universidade do Texas, integra o comitê de investigadores que colaboram com o CREIO.

Os anos noventa inspiraram os psicólogos e os investigadores das emoções, pois mais um referencial da inteligência emocional, pouco mencionado nos *reports* dos já referidos autores, é o Doutor Hendrie Weisinger que escreveu o livro *Emotional Intelligence at Work*, em 1998. Neste livro, Weisinger apresenta as competências que envolvem a inteligência emocional e ensina como desenvolver cada uma delas com o objetivo de melhorar a qualidade de vida das relações laborais (Weisinger, 1998). A partir daí, um significativo número de pesquisadores colocaram luz ao tema, agregaram mais informações e contribuíram ainda mais para a evolução do conceito. Como por exemplo, Epstein (1998), que escreveu o livro *Constructive Thinking. The Key to Emotional Intelligence*, um argumento sobre o poder do pensamento estratégico que quando bem direcionado torna-se o primeiro alicerce para desenvolver a inteligência emocional. O autor acrescenta ainda "se deseja mudar o modo emocional de reagir, tem que mudar o seu pensamento" (Epstein, 1998, p. 7).

Para enfatizar ainda mais a importância da inteligência emocional no ambiente organizacional, Cooper e Sawaf (1998) lançam o livro *Executive EQ: Emotional Intelligence in Leadership e Organizations* e apresentam o que chamam de EQMAP ou o mapa da inteligência emocional e suas respetivas competências. Cooper (1997) argumenta para a população corporativa que a "inteligência emocional pode aumentar a intuição, a capacidade de confiar e inspirar confiança, [...] e a capacidade de encontrar soluções inovadoras" (p. 31).

Independentemente do autor e da linha da utilidade da inteligência emocional defendida por cada um deles, o que é mais importante perceber é que a inteligência emocional tornou-se uma fonte de qualidade de vida, seja pessoal ou profissional, para crianças ou adultos, na escola, em casa ou no trabalho.

Nos quatro cantos do mundo, a IE desperta a atenção de investigadores, empresários e pessoas no geral. E foi por intermédio dos grandes desenvolvedores, aqui já citados, que hoje este fenómeno pode ser mensurado, pode ser desenvolvido e aprimorado. Para perceber o desenvolvimento da inteligência emocional, é primordial compreender o conceito diante da visão de alguns investigadores, por forma a ampliar a visão e desmistificar de que a IE é apenas autocontrolo.

2.2 CONCEITO DE INTELIGÊNCIA EMOCIONAL

A inteligência emocional é uma competência extremamente importante que deveria ser ensinada em todas as escolas. Inclusive, Coob e Mayer (2000), que escreveram um artigo sobre este argumento, defendem que a "inteligência emocional surge numa altura em que os educadores estão ansiosos por encontrar respostas a problemas de má conduta, conflitos interpessoais e de violência que assolam as escolas" (p. 16). No entanto, o que é inteligência emocional e quais são as competências que permeiam o conceito? O conceito de inteligência e de emoção, previamente abordados, contribui para o melhor enquadramento da IE como exposto no Quadro 4, que apresenta de maneira mais detalhada a integração da inteligência e da emoção.

A inteligência é compreendida como um agrupamento de capacidades (Mayer *et al.*, 2008) de "reconhecer, aprender, memorizar e raciocinar" (Mayer, Roberts, e Barsade, 2008, p. 509) e a emoção funciona como um instrumento que orienta o indivíduo no enfrentamento de acontecimentos (Goleman, 1995). Logo, a IE é "a capacidade de perceber os sentimentos e emoções dos outros e de si mesmo, discriminá-los e usar essas informações para orientar o pensamento e as ações" (Salovey e Mayer, 1990, p. 189) ou, sinteticamente, um talento para lidar com a vertente emocional (Weisinger, 1998) através do conhecimento, habilidade e discernimento emocional (Mayer *et al.*, 2008). A IE é o produto que reúne competências específicas, que permitem harmonizar os relacionamentos, aceitar e lidar melhor com as transformações do ambiente, "resolver problemas de natureza pessoal e interpessoal e lidar eficientemente com as demandas, desafios e pressões diárias" (Bar-on, 2006, p. 20). Estas competências específicas (tratadas como dimensões) abrangem a automotivação, autocontrolo dos impulsos emocionais, transmutação emocional, empatia (Goleman, 1995), capacidade para "raciocinar sobre padrões visuais..., raciocínio sobre as emoções"(Mayer *et al.*, 2008, p. 511), "capacidade de estar ciente de si mesmo, de entender os seus pontos fortes e fracos e de expressar sentimentos e pensamentos de maneira não destrutiva"(Bar-on, 2006, p. 3). No entanto, para desenvolver a inteligência emocional, é necessário desenvolver subcompetências essenciais, entre elas está a **percetividade**, ou seja, a condição de "avaliar de maneira exata a expressão emocional de si próprio e dos outros" (Mayer *et al.*, 1990, p. 772). Estes autores concluíram que a perceção está diretamente ligada à "capacidade de responder empaticamente aos outros" (p. 772).

Quadro 4 – Inteligência Emocional por Mayer *et al.* (2008)

INTELIGÊNCIA	EMOÇÃO
Inteligências são habilidades para entender e resolver problemas sobre informações que envolvem: • raciocínio sobre relacionamentos abstratos; • armazenar material de maneira organizada na memória; • material direcionado de aprendizagem; • entrada de material através de canais sensoriais e percetivos; • processar informações rapidamente.	As emoções são respostas coordenadas às mudanças no ambiente que envolvem: • invocar experiências subjetivas específicas; • ativar cognições relevantes, especialmente relacionadas à ação em relação ao eu e ao ambiente; • coordenar estados corporais para se preparar para certas reações (por exemplo, lutar ou fugir); • avaliar a situação em andamento para mudanças.
INTELIGENCIA EMOCIONAL	
• A inteligência emocional é uma capacidade de entender e resolver problemas que envolve: • gerir respostas emocionais; • compreender emoções e significados emocionais; • avaliar emoções de situações; • usar emoção para raciocinar; • identificar emoções em rostos, vozes, posturas e outros conteúdos.	

Fonte: Mayer *et al.* (2008, p.c1)

Iniciei este livro com a ambição de entender a inteligência e, em seguida, a emoção como recomendado por um dos grandes nomes da IE. É o que o Quadro 4 acaba por resumir em poucas palavras para definir o conceito de IE. Portanto, podemos interpretar como habilidade para entender a emoção que exige identificar como e por que se manifesta, para escolher a resposta emocional mais apropriada. É como se conseguíssemos raciocinar emocionalmente. Mas isso não é tudo. Preciso ampliar a compreensão do tema a partir dos olhos dos demais estudiosos do assunto.

2.3 A INTELIGÊNCIA EMOCIONAL NA PERSPETIVA DOS AUTORES

É facto que um profissional que apresenta um certo desequilíbrio emocional com indícios de ter baixa capacidade de gerir as suas próprias emoções está suscetível à baixa produtividade e desempenho (Weisinger, 1998). Não é preciso ir muito longe para perceber que a baixa motivação, pode refletir em resultados medíocres.

O lado bom é descobrir que a IE pode ser desenvolvida a partir do momento em que o indivíduo passa a aprender com as suas próprias experiências (Goleman, 1998) ou através de práticas específicas que lhe ensina determinadas competências da IE (Bar-on, 2006; Weisinger, 1998). Portanto, desenvolver a Inteligência Emocional está ao alcance de todos. Esta é uma afirmação presente nos estudos de diversos autores que dedicaram e dedicam tempo e esforços no aprimoramento de escalas para compor os inventários sobre IE, assim como formas de desenvolver competências associadas. Estas competências são tratadas aqui como dimensões e estão presentes em diversos estudos compostos no Quadro 5 (e.g. Bar-on, 2006; Bar-On, Brown, Kirkcaldy, e Thomé, 2000; Goleman, 1995; Goleman e Boyatzis, 2017; Goleman *et al.*, 2000; Mayer *et al.*, 2003; Salovey e Mayer, 1990; Weisinger, 1998).

A partir das informações contidas no Quadro 5, fica evidente que cada investigador determina um conjunto de dimensões necessárias para o desenvolvimento da IE. Contudo, como afirma Goleman (1995), a raiz do "primeiro modelo de Dimensões da Inteligência Emocional (DIE) foi constituída por Salovey e Mayer (1990)" (p. 335).

Quadro 5 – Dimensões da IE nas perspetivas dos autores

AUTORES	EMOÇÃO
(Salovey e Mayer, 1990, p. 190)	Modelo MSCEIT 1.0 a) Avaliar e expressar emoções no eu e nos outros b) Regular a emoção no eu e nos outros c) Usar emoções de maneiras adaptativas
(Mayer *et al.*, 2003, p. 99)	Modelo MSCEIT 2.0 a) Perceber emoções com precisão b) Usar a emoção para facilitar o pensamento c) Compreender emoções d) Gerir emoções

continua

AUTORES	EMOÇÃO	
(Goleman, 1995, p. 63)	a) Autoconsciência b) Autorregulação c) Automotivação d) Empatia e) Gerir relacionamentos	
(Weisinger, 1998, p. xix)	a) Autoconsciência b) Autorregulação emocional c) Automotivação d) Habilidades comunicacionais e) Experiência interpessoal f) Ajudar os outros a se ajudarem	
(Bar-on *et al.*, 2000, p. 1116)	Modelo EQ-i *Emotional Quotient Inventory*	
	a) Autoestima b) Assertividade c) Independência d) Autorrealização e) Responsabilidade Social f) Relacionamento Interpessoal	g) Teste de realidade h) Flexibilidade i) Solução de problemas j) Tolerância ao stress k) Controlo de impulso l) Felicidade

AUTORES	EMOÇÃO	
(Bar-on, 2006, p. 23)	Modelo EQ-i *Emotional Quotient Inventory atualizado*	
	a) Autoestima b) Autoconsciência emocional c) Assertividade d) Independência e) Empatia	f) Tolerância ao stress g) Controlo dos impulsos h) Teste de realidade i) Flexibilidade j) Resolução de problemas

Fonte: Elaboração própria

Ao longo dos anos, os investigadores debruçaram os seus esforços para atualizar os modelos (e.g. Bar-on, 2006; Bar-On *et al.*, 2000; Mayer *et al.*, 2003; Salovey e Mayer, 1990) que apresentam algumas convergências entre eles (e.g. autoconsciencia, empatia e a autorregulação. Bar-on, 2006; Bar-On *et al.*, 2000; Goleman, 1995; Weisinger, 1998), (e.g. Automotivação. Goleman, 1995; Weisinger, 1998), (e.g. perceção da emoção do outro. Goleman, 1995; Mayer *et al.*, 2003), (e.g. gestão do relacionamento. Bar-on, 2006; Bar-on *et al.*, 2000; Goleman, 1995). E de maneira incremental a esta análise, incorpora-se o modelo de Mayer *et al.* (2003) que também compartilha a dimensão da autorregulação com os demais autores.

O enquadramento de algumas dessas dimensões (competências) será detalhadamente apresentado no capítulo correspondente, em que se procura integrar as dimensões mais adequadas ao ambiente da negociação.

CAPÍTULO 3

INTELIGÊNCIA EMOCIONAL NAS NEGOCIAÇÕES

É indiscutível o poder que a Inteligência Emocional (IE) pode exercer nos resultados da negociação (Deeter-Schmelz e Sojka, 2003; Der Foo *et al.*, 2004; Kim *et al.*, 2014). Para confirmar este argumento, uma pesquisa comprovou que um negociador com um elevado nível de IE, produz "melhores resultados na negociação" (Zehetner e Kraigher-Krainer, 2017, p. 55). Estes resultados podem ser económicos (e.g. "IE ajuda a aumentar os resultados financeiros da negociação" Schlegel *et al.*, 2018, p. 13), e "psicológicos sociais: como satisfação, gosto, confiança e intenções de trabalhar novamente com a outra parte no futuro" (Sharma *et al.*, 2013, p. 317). Quanto aos resultados financeiros, inúmeras empresas já comprovaram que investir em inteligência emocional é uma boa estratégia. Facto que tem vindo a ser confirmado por inúmeros estudos apoiados pelo já referido CREIO, um consórcio fundado por grandes empresas e investigadores em todo o mundo, para a realização de constantes pesquisas voltadas para a IE.

Na L'Oreal, por exemplo, um grupo de aproximadamente trinta vendedores com alto *score* de inteligência emocional vendeu mais que outro com *score* mais baixo, segundo referido por Stanlley (2013). A mesma coisa ocorreu na American Express, onde os funcionário de vendas participaram de um treino de "consciência emocional de três dias e, no ano seguinte, as vendas ultrapassaram às dos colegas não treinados" (Stanlley, 2013, p. 11). E, relativamente aos benefícios psicológicos, outro estudo comprovou que os negociadores com elevado nível de IE são mais capazes de perceber as pistas emocionais produzidas na contraparte. Possuem ainda maior habilidade para ajustar a estratégia de abordagem e "minimizar os efeitos negativos da emoção na tomada de decisão" (p. 257) com base "no estado emocional do parceiro" (Fulmer e Barry, 2004, p. 259). Em razão disso, a perceção é considerada um ponto-chave para a gestão emocional (Schlegel *et al.*, 2018). Inclusive, o empenho em promover a autogestão emocional é mais alto nas negociações integrativas (Negociações com objetivo em manter o relacionamento a longo prazo) (Curhan e Mueller, 2006). No entanto, este tipo de estratégia exige empenho não só na autogestão emocional como também em todas as competências da IE (Kadic-Maglajlic *et al.*, 2016).

As competências da IE são essenciais no desempenho da negociação (resultado financeiro e psicológico social), abrangem a "autoconsciência, automotivação, autorregulação, empatia e perceção da emoção do outro" (Deeter-Schmelz e Sojka, 2003, p. 211). Tais evidências e argumentações permitem-nos concluir que a organização que desenvolve as competências da inteligência emocional prospera mais nos seus objetivos, tal como prospera a empresa que emprega não só os conhecimentos técnicos no processo de seleção, mas que valoriza o resultado das avaliações a respeito da inteligência emocional em caráter de superioridade. Estas conclusões abrem uma discussão sobre a importância de cada competência no papel da inteligência emocional nas negociações. E é sobre este aspeto que se discute a seguir.

No capítulo anterior, foram apresentados os modelos das Competências/Dimensões da Inteligência Emocional (CIE) existentes na literatura. Assim, abordo as CIE que refletem a integração entre o modelo de Goleman (1995) e Mayer *et al.* (2003), que é similar ao modelo usado nos estudos de Deeter-Schmelz e Sojka (2003), baseado em Gardner (2011), que classifica a IE como a "inteligência intrapessoal e interpessoal" (p. 211). A primeira envolve a "Autoconsciência (AC), Autorregulação (AR) e Automotivação (AM)); a segunda, a "Perceção da Emoção do Outro (PEO) e a Empatia (E)" (Deeter-Schmelz e Sojka, 2003, p. 211), exatamente como Goleman (1995) e Mayer *et al.* (2003). Inclusive, Mayer *et al.* (1990) afirmam que "a inteligência emocional envolve a avaliação exata da expressão das emoções em si próprio e dos outros" (p. 772).

3.1 COMPETÊNCIA DA AUTOCONSCIÊNCIA (AC)

Steiner (2003) destaca a importância da autoconsciência para desenvolver o que chama de "alfabetização emocional" (p. 23), justamente pela influência que as pessoas e o ambiente exercem sobre os outros. Portanto, situações hostis impactam diretamente no individuo e na sua capacidade em alcançar o progresso no que quer que seja (Steiner, 2003)... "Todos temos a capacidade de desenvolver a nossa mente para compreender os factos, para prever o resultado dos acontecimentos, e para resolver problemas" (p. 23).

A competência Autoconsciência (AC) fez surgir o desenvolvimento da *theory of objective self-awareness* concebida por Duval e Wicklund, em 1972, com o objetivo de compreender as mudanças comportamentais do indivíduo a partir da adoção da estratégia AC objetiva, que corresponde a "um estado no qual a pessoa toma a si como um objeto, ou seja, atenção focalizada em si mesma" (Wicklund, 1975, p. 234). Esta teoria sustenta que o indivíduo deve ter em mente qual é o estado comportamental real, desejado e a lacuna existente entre estes dois estados, que irão beneficiar ou não o micro (intra) ou macro (inter) ambiente do ser autoconsciente (Wicklund, 1975). A clareza sobre a lacuna entre os dois estados surgirá após o que Wicklund (1975) chama de "reação inicial da autoconsciência objetiva postulada como autoavaliação" (p. 237). Quanto maior for a lacuna entre estes estados, maior será a necessidade de o indivíduo adotar "estratégias de auto-observação" (p. 511), especialmente em casos nos quais um indivíduo exerce muita influência sobre o outro, como a relação entre o professor e o aluno (Millar, Oldham, e Donovan, 2011). O professor deve reconhecer e adotar os comportamentos mais apropriados e benéficos para o progresso em sala de aula (Millar *et al.*, 2011). A afirmação de Millar pode ser expandida aos pais para com os filhos, líderes para com os liderados, marido para com a mulher ou vice-versa. Na relação entre o negociador e a contraparte, apesar de não ser exatamente igual a do professor e o aluno, estabelece similaridades no que toca à comunicação influente. Por isso, exige um comportamento AC em prol do tal referido progresso (ganha-ganha) entre as partes em negociação. Este comportamento AC é definido como a capacidade de policiar a si mesmo, promovido pela auto-observação necessária para transformar "interpretações, pensamentos, sentimentos, sentidos, emoções e intenções disponíveis ao seu respeito" (Weisinger, 1998, p. xx).

Portanto, exige que o indivíduo "perceba, compreenda e aceite a si mesmo"(e.g. dimensão autoestima contida no EQI de Bar-on, 2006, p. 21). Nas formações sobre IE, destaco a importância dos gatilhos da mudança, onde o primeiro passo é a atividade nomeada por "3As" e corresponde à prática da AC em:

1) Aceitar a sua própria história;
2) Agradecer às experiências vividas e à aprendizagem adquirida; e
3) Agir em direção ao processo da mudança.

Esta última etapa envolve justamente o reconhecimento do estado atual para o estado desejado e a identificação da lacuna existente, como referido anteriormente.

Apesar das demais literaturas sobre IE não se referirem claramente que a AC é uma competência-chave no desenvolvimento da IE, ela tem um papel crucial no primeiro passo para desenvolver as demais CIE. Afinal, não é possível saber para onde vamos sem saber onde estamos. Contudo, ela envolve o pensamento e, neste âmbito, Epstein (1998) acrescenta que "se deseja mudar o modo emocional de reagir, tem que mudar o seu pensamento" (p. 7).

A AC funciona como um dispositivo de alerta que contribuir para a "autoavaliação precisa e autoconfiança" (Goleman *et al.*, 2000, p. 4), que permite ao indivíduo perceber quando está diante de uma emoção latente, ou seja, que está prestes a emergir (Goleman, 1995). Ela contribui também para perceber melhor a si mesmo, o outro e, ao mesmo tempo, o ambiente, ou seja, o "privado, o público e ao redor" (Govern e Marsch, 2001, p. 369). Isto acontece através dos cinco sentidos (visão, audição, paladar, olfato e tato) apurados, que são canais por onde recebemos e interpretamos as informações do mundo externo" (Weisinger, 1998, p. 10) (leia mais sobre perceção neste capítulo na competência PEO). Inclusive a interpretação é o ponto-chave para o desenvolvimento de AC, que segundo Weisinger (1998) deve ser cuidada para que não ocorra a distorção da realidade, ou seja, julgamento errado sobre o contexto. Em consonância, Bar-On *et al.* (2000), que desenvolveu o EQI (Inventário do Quociente Emocional), consideram a questão da realidade na dimensão EQI – "Teste de Realidade, que é a capacidade de validar objetivamente os sentimentos e pensamentos com a realidade externa"(Bar-on, 2006, p. 21). Este mesmo autor integra também no seu modelo, outros atributos que estão contidos na AC, como a habilidade de ter "atenção aos detalhes, avaliar informações de modo rápido e eficaz, e de agir de maneira apropriada, que corresponde à definição da dimensão Resolução de Problema" de Bar-on (2013, p. 4).

Um negociador AC que "adota uma imagem desejada e tem consciência da imagem apresentada" (p. 213) é mais propenso a conseguir os melhores resultados, pois a postura, o modo de vestir e a linguagem corporal têm poder (Deeter-Schmelz e Sojka, 2003). Inclusive, este poder é comprovado no estudo de Albert Mehrabian, em que a linguagem corporal é significativamente mais impactante na influência da comunicação que as demais fontes (Pease e Pease, 2004). Esta significativa influência é confirmada na atualidade por Amy Cuddy *et al.* (2012) que legitimam através do seu estudo, a superioridade da influência da linguagem corporal frente à linguagem verbal.

Em resumo, a AC exige um senso de realidade, autoestima e capacidade de solucionar problemas (Bar-On *et al.*, 2000), envolve o comportamento desejado, identificado após a realização da autoavaliação (Wicklund, 1975) e auto-observação (Weisinger, 1998, p. xx), que é expresso através da impressão da linguagem corporal (ideal e real) (Deeter-Schmelz e Sojka, 2003). E, assim, influencia a comunicação de maneira significativa (Pease e Pease, 2004) e desempenha um papel fulcral nas negociações, por conduzir as Fases do Processo de Negociação (FPN) e expressar a estratégia em jogo (Lewicki *et al.*, 2014; Thompson, 1990). Portanto, uma preparação prévia da linguagem corporal "afeta a qualidade da apresentação dos participantes e influencia as avaliações e decisões dos juízes" (Cuddy *et al.*, 2012, p. 8).

E para não ficarmos apenas na teoria, proponho alguns exercícios que corroboram para o desenvolvimento da Autoconsciência.

Pratique o Estado de Atenção Plena:

"Onde quer que esteja, esteja lá por inteiro" (Tolle, 2002, p. 84). Mantenha a mente e o corpo no mesmo lugar. Muitas vezes, estamos a pensar no futuro ou presos no passado. Numa negociação, ativar o estado de presença é tão importante por contribuir para a potencialização da capacidade de perceber o outro e o ambiente, como também ajuda na conquista da empatia.

O *mindfullness,* ou mente de atenção plena em português, é compreendida como "um estado de consciência caracterizado pela atenção recetiva, perceção de eventos e experiências presentes, sem avaliação, julgamento e filtros cognitivos" (Glomb *et al.*, 2011, p. 119). Trata-se de uma prática que vem sendo bastante difundida, em especial durante a pandemia de COVID-19, pois contribui para o aumento da consciência de si mesmo (Testa e Sangganjanavanich, 2016; Yuan, 2021), reduzir a intensidade do medo, stress, ansiedade e pode ajudar no aumento da adaptabilidade ou resiliência (Glomb *et al.*, 2011; Yuan, 2021). E ainda "pode desempenhar um papel importante na facilitação da consciência interpessoal e no uso das emoções, que são componentes essenciais da inteligência emocional" (Testa e Sangganjanavanich, 2016, p. 97).

O *Mindfulness* tem como objetivos permitir que o indivíduo "aceite a realidade com uma visão aberta, tolerante e uma atitude avaliativa" (Yuan, 2021, p. 1). Entre os métodos mais conhecidos e validados cientificamente, estão a meditação e a respiração com foco (Gause e Coholic, 2010).

Segundo Baer *et al.* (2006), a capacidade do indivíduo desenvolver o *Mindfulness* pode ser medida através de um conjunto de cinco atributos: 1. Observação realista, que considera a realidade interna e a externa; 2. Retratar na íntegra as experiências internas através das palavras; 3. "Agir com consciência, que procura avaliar a capacidade de alguém para atender às atividades do momento" (p. 55); 4. Não julgamento de si mesmo; 5. "Não reatividade à experiência interior" (p. 55), ou seja, esforçar-se para controlar os pensamentos e não permitir que produzam sentimentos destrutivos (Testa e Sangganjanavanich, 2016).

Conheça a si mesmo e muito bem:

O capítulo 5 aborda diversos mecanismos para que o negociador consiga identificar o perfil da outra parte em negociação, mas é importante conhecer-se primeiro.

Saiba como expressa as suas emoções, como gesticula, a velocidade da fala e as pausas, etc.... Veja a si mesmo como se fosse outra pessoa. Na competência da Autorregulação, aplica-se um exercício chamado de Associação e Dissociação, emprestado da Programação Neurolinguística (PNL) que é o "estudo de como a interação de nosso cérebro (neuro), nossa linguagem (linguística) e corpo produz padrões de comportamento (programação)" (Lashkarian e Sayadian, 2015, p. 511). Vale a pena usá-lo para desenvolver ainda mais a sua AC.

Um exercício que costumo usar nas formações e que tem apresentado resultados interessantes para aumentar a perceção de si mesmo é o exercício da apresentação com a filmagem. O aluno tem a oportunidade de ver a si mesmo e recebe o feedback. Esta atividade permite identificar a maneira como nós nos expressamos e a correção dos desvios fica mais exequível.

Para além destas orientações, inúmeras técnicas de respiração contribuem para o aumento da consciência de si mesmo. E, neste aspeto, recomendo vivamente a leitura de um livro espetacular, no qual é possível conhecer mais a fundo o poder da respiração para a vida e ainda apresenta diversos tipos de respiração com as respetivas indicações. Chama-se *Respire,* de James Nestor.

3.2 COMPETÊNCIA DA AUTORREGULAÇÃO (AR)

Esta competência diz respeito à capacidade do indivíduo em "lidar com as sensações de modo apropriado, tranquilizar a si mesmo" (Goleman, 1995, p. 63), "resistir ou atrasar um impulso emocional" (Bar-on *et al.*, 2000, p. 1116), ser capaz de transmutar a sua condição emocional para se moldar (Salovey e Mayer, 1990; Baumeister e Vohs, 2004) ao contexto em alternância emocional (Kelly e Kaminskienė, 2016). Estas capacidades, presentes na competência de autorregulação (AR), aumentam o nível de resistência do indivíduo que, naturalmente, acaba por desenvolver o que Bar-on *et al.* (2000) chamam de dimensão da "Tolerância ao Stress" (p. 1116), uma espécie de resistência emocional ao impacto da mudança (sugiro retorno ao capítulo 1 para ler sobre neurociência da emoção).

No entanto, a transmutação do estado de humor não diz respeito à autorrepressão emocional, "o que o priva das informações valiosas que as suas emoções podem fornecer, e sim significa entendê-las e usá-las para lidar com situações, os seus pensamentos, mudanças fisiológicas e ações comportamentais" (Weisinger, 1998, p. xx). Em consonância com este autor, Bar-on *et al.* (2000) argumentam, através da dimensão "Assertividade" (p. 1116), parte integrante do seu modelo, que um indivíduo emocionalmente inteligente deve saber como exteriorizar as suas emoções, ideias e convicções de modo apropriado e construtivo, além de ser "livre de dependência emocional" (p. 1116) (dimensão "Interdependência" que também faz parte do modelo deste autor). Assim, para que o indivíduo desenvolva a AR, é necessário a AC dos seus próprios "padrões de comportamento" (p. 29) que são produzidos a partir dos estímulos do ambiente externo (Weisinger, 1998), que podem ser cominadores ou não (Grubb e Brown, 2012).

Quadro 6 – Como identificar as emoções em si mesmo

EMOÇÃO	SINTOMAS
Raiva	Coração acelera. Adrenalina e outros hormônios são jogados no sangue. Sangue é direcionado para as mãos. O raivoso sente-se suficientemente forte e com energia para uma ação enérgica.
Medo	O sangue corre para os músculos do esqueleto, como os das pernas, facilitando a fuga. O rosto fica lívido, já que o sangue lhe é subtraído (daí dizer-se que alguém ficou "gélido"). Ao mesmo tempo, o corpo imobiliza-se, ainda que por um breve momento, talvez para permitir que a pessoa considere a possibilidade de, em vez de agir, fugir e se esconder. Circuitos existentes nos centros emocionais do cérebro disparam a corrente de hormônios que põe o corpo em alerta geral, tornando-o inquieto e pronto para agir. A atenção se fixa na ameaça imediata, para melhor calcular a resposta a ser dada.
Tristeza	Perda de energia e de entusiasmo pelas atividades da vida, em particular por diversões e prazeres. Quando é profunda, aproximando-se da depressão, a velocidade metabólica do corpo fica reduzida.
Felicidade	A atividade do centro cerebral é incrementada, o que inibe sentimentos negativos e favorece o aumento da energia existente, silenciando aqueles que geram pensamentos de preocupação. Não ocorre nenhuma mudança particular na fisiologia, a não ser uma tranquilidade, que faz com que o corpo se recupere rapidamente do estímulo causado por emoções perturbadoras. Essa configuração dá ao corpo um total relaxamento, assim como disposição e entusiasmo para a execução de qualquer tarefa que surja e para seguir em direção a uma grande variedade de metas.

Fonte: Goleman (1995)

No âmbito negocial, AR é "lidar com os clientes enquanto está com raiva, controlar as próprias emoções" (Deeter-Schmelz e Sojka, 2003, p. 213), ter "autocontrolo, fidedignidade, adaptabilidade, ser consciente e inovador" (Goleman *et al.*, 2000, p. 4) na negociação, em razão da emoção exercer um papel decisivo (Filzmoser *et al.*, 2016; Lewicki *et al.*, 2014), pois pode influenciar e definir o resultado da negociação (Filzmoser *et al.*, 2016). Por isso, o negociador deve ter em mente que cada indivíduo enxerga, interpreta e associa os problemas, usando como base a "experiência emocional interna" (p. 200) e não as experiências vividas pelo outro (Salovey e John D. Mayer, 1990). Contudo, se o indivíduo desenvolve a competência da AR, consegue ser adaptável, enxergar novas possibilidades para a solução do problema, integrar as experiências emocionais (internas e externas) na avaliação, respeitar a visão de mundo do outro e detetar com maturidade a melhor alternativa (Salovey e John D. Mayer, 1990).

O autoconhecimento é importante, pois através da consciência de si e da compreensão do que chamo de "bagagem mental" conseguirá melhor entender o outro (ver capítulo 5 – Os negociadores), além de conhecer as próprias emoções, reconhecerá as sensações emocionais no seu corpo (ver Quadro 6) e identificar os gatilhos que despertam emoções negativas, para avançar no desenvolvimento de mecanismos de transmutação emocional.

O negociador deve saber gerir as suas próprias emoções, uma vez que a AR "pode ajudar a melhorar a eficácia" (Wheeler, 2014, p. 415) nas Fases do Processo de Negociação (Pulido-Martos *et al.*, 2013) e exerce uma influência considerável na fase do acordo, onde as decisões finais são colocadas à mesa (Fulmer e Barry, 2004). Por outro lado, *Pulido-Martos et al.* (2013), acentua que, na fase da negociação em que é apresentada a solução do problema, o negociador deve adotar uma postura mais "flexível, e alternar o seu estado emocional positivo e negativo, ou seja, menos reparo" (p. 414) e mais influência emocional, no sentido de encontrar opções favoráveis para a contraparte e, ao mesmo tempo, para si (mais detalhes no capítulo 7). Por esta razão, estudos afirmam que a AR só faz sentido nas negociações integrativas, em que as partes almejam colher frutos no futuro e se esforçam para um acordo bilateral favorável (Curhan e Mueller, 2006).

Relativamente à transmutação do estado emocional, como comprovado por Amy Cuddy e os seus colegas, a postura corporal pode mudar o coquetel hormonal e, como consequência, proporcionar mudança no comportamento da parte protagonista que, ao adotar posições "de poder por um minuto" (p. 1363), passa a se sentir mais forte, invencível e capaz de superar o obstáculo (Carney, Cuddy, e Yap, 2010). Existem inúmeros processos que contribuem para a transmutação do estado emocional, mas antes de falar sobre eles, peço que o leitor pense em uma negociação importante e decisiva para a sua vida profissional. Ela acontece no dia em que, infelizmente, o(a) leitor(a) teve uma discussão desconfortável com a(o) sua(seu) esposa(o) e isto o(a) abalou emocionalmente. Não há hipótese de reagendar esta reunião importante. Então, é a sua vez de aprender a transmutar o seu estado emocional de stress e raiva para calma e felicidade. Como o(a) leitor(a) pode fazer isto?

Então, pergunte a si mesmo que tipo de coisa o(a) faz mudar e se sentir mais feliz. Há pessoas que afirmam que uma música é suficiente. Outras, uma dança, um filme, uma boa comida ou um bom vinho. Contudo, há momento em que não conseguimos ativar estas âncoras externas para nos ajudar no percurso. Com isso, sugiro que identifique uma "memória emocional positiva", um momento superimportante e que lhe proporcionou um sentimento de plenitude. Vá até este momento, associe-se a ele. Neste aspeto, a PNL contribui com a atividade de nome "Estado Associado"(p. 87) e ajuda a "desfrutar de experiências agradáveis" (O'Connor, 2017, p. 87).

A PNL vem obtendo aos poucos expressão no mundo académico. Ainda são poucos os estudos que avaliam a sua eficácia. Embora, um estudo realizado na Turquia com um grupo de alunos de idiomas, "revelou que as técnicas de PNL aumentaram o nível de motivação dos alunos e o desempenho no idioma" (Lashkarian e Sayadian 2015, p. 517).

Para ativar o estado associado, basta identificar a memória emocional positiva, fechar os olhos, visualizar, colocar cores, luz, formas e se colocar no cenário, sentir a sensação do momento, tentar perceber o som das coisas a sua volta. Dê qualidade à reconstrução do momento com detalhes para convencer a sua mente de que viajou no tempo. Prolongue a sensação boa. Respire fundo como se estivesse potencializando a sensação no corpo. Não deixe o momento acabar e abra os olhos como se esse momento fosse aqui agora. E descreva a si mesmo a sensação que está sentindo no momento. Olhe para o momento que vem a seguir que é a sua negociação importante e faça um exercício inverso. Este exercício é chamado de "estado dissociado" (p. 87), então, "imagine-se a flutuar para fora de seu corpo, vendo o seu corpo sentado na cadeira... veja o seu corpo de diferentes ângulos" (p. 86) (O'Connor, 2017). Agora veja o outro negociador sentado ao seu lado na mesa. Coloque um sorriso no seu rosto e também no rosto dele. Imagine os dois a finalizar a negociação com um aperto de mão e na face a expressar de satisfação. Terminado o exercício, analise a situação. Veja se funcionou. Lembre-se de que para funcionar é preciso empenho na construção dos cenários associados ou dissociados e acreditar.

3.3 COMPETÊNCIA DA AUTOMOTIVAÇÃO (AM)

A motivação envolve um comportamento de tenacidade (Pinder, 2008) e é um produto resultante dos componentes "energia, direção e persistência" (Ryan e Deci, 2000, p. 69). Em consonância, Pinder (2008) define a motivação como "intensidade (quão poderoso é o gatilho motivacional), direção (canaliza os demais componentes para a conquista de um objetivo), e duração (capacidade em manter a motivação elevada até que o objetivo seja alcançado)" (p. 12, p. 13).

Ryan e Deci (2000) argumentam que a motivação pode se manifestar por estímulos internos (motivação intrínseca ou Automotivação – AM) e externos (motivação extrínseca). A Automotivação é uma aptidão que nasce com o indivíduo e "envolve os interesses e as capacidades, para conquistar os desafios ideais... mesmo sem recompensas extrínsecas ou influências ambientais" (Deci e Ryan, 1985, p. 43). É um movimento para a ação, caracterizado por empenho, proatividade, positividade e persistência (Goleman *et al.*, 2000). Portanto, reflete um impulso provocado pela tenacidade em direção a um objetivo capaz de estimular um movimento para ação (Futrell, 2003). No entanto, de acordo com a Teoria da Avaliação Cognitiva – TAC, de Deci e Ryan (1985), o ambiente externo exerce uma importante influência sobre a AM do ser humano. Para a TAC, as "recompensas extrínsecas irão reduzir o interesse intrínseco em uma tarefa" (Deci e Ryan, 1985, p. 208). Tal afirmação presume que o pagamento, prémio ou recompensa por uma tarefa, manifesta no indivíduo um aumento do senso de obrigação ou redução do senso de prazer em fazer (Robbins e Judge, 2003). Esta afirmação comprova o nível de dependência dos fatores do ambiente social para alimentar a AM (Deci e Ryan, 1985). Neste sentido, Weisinger (1998) afirma que a motivação precisa de quatro elementos integrados para se fortalecer, tais como:

- O próprio indivíduo (Automotivação): pensamento, emoção e comportamento;

- O terceiro (Motivação externa): qualquer pessoa que exerça uma influência ou desperte uma admiração no indivíduo;
- Orientador emocional (Motivação externa): uma terceira pessoa de extrema confiança que exerça uma influência emocional sobre o indivíduo;
- Macroambiente (Motivação externa): qualquer influência do ambiente que pode impactar nos sistemas sensoriais.

A AM (a si mesmo) é o mais importante e poderoso componente da motivação (Weisinger, 1998). Inclusive, "líderes automotivados trabalham consistentemente em direção a seus objetivos... e têm padrões extremamente elevados de qualidade do seu trabalho" (Batool, 2013, p. 89). Na negociação não é diferente, a AM impulsiona o negociador para a ação em direção à conquista dos seus objetivos (De Dreu, 2004). Portanto, como muitas vezes, esta ação é apoiada em recursos extrínsecos insustentáveis "as pessoas devem parcialmente servir como agentes da sua própria motivação e ação" (Beura e Schunk, 1981,p. 586), ou seja, ser o seu próprio recurso de motivação e ter entusiasmo, zelo e confiança (Goleman, 1995, p. 100), ser perseverante, constante e firme (Salovey e Mayer, 1990; Weisinger, 1998) em prol de "ser altamente eficientes, para perseverar face a contrariedades e frustrações (Goleman, 1998, p. 324). Por fim, a AM é fator "crítico para o desempenho" (p. 217) das negociações comerciais (Deeter-Schmelz e Sojka, 2003).

A AM é um "estado com pleno vigor e vitalidade" (Takeuchi *et al.*, 2015, p. 2), antídoto ou estado de fluxo essencial para o desenvolvimento da IE. Isto significa que o negociador que queira desenvolver a IE precisa definir a si mesmo um objetivo, uma meta, perspetivar onde quer chegar. Para isto, é importante diagnosticar o que o incomoda neste momento, a tal ponto de o impulsionar, servir de antídoto, de fluxo que o empurre para a ação de desenvolver as competências da IE. É claro que não estamos a considerar os impactos hormonais que possam comprometer o sucesso da caminhada, mas é válido entendermos que, conforme Flaherty (2005) exposto por Takeuchi *et al.* (2015), grande número de estudos comprovam que "o sistema neural dopaminérgico pode facilitar a criatividade por meio da motivação, bem como outros processos cognitivos dependentes da dopamina, como pensamentos direcionados a objetivos e comportamentos de busca" (p. 2). Esta afirmação supõe que níveis baixos de dopamina possam comprometer a AM.

Por fim, para desenvolver a AM, propõe-se um exercício com base no estudo de Weisinger (1998):

1) Identifique o propósito, ou seja, o verdadeiro motivo para a ação. O que o incomoda? Para quê ou para quem gostaria de ser uma pessoa melhor?

Lembre-se de que esta sua "dor" precisa "doer" de verdade para ser um impulsionador de mudança. Tenha fé em si mesmo.

2) Controle os seus pensamentos. Evite os pensamentos e pessoas tóxicas (reclamações, emoções negativas e pessimistas). "Líderes motivados geralmente são otimistas, não importa o que enfrentem" (Batool, 2013, p. 89).

3) Declaração e imagem âncora para a mudança. Espalhe esta âncora em forma de imagens pelos locais em que esteja presente. Vale a sua secretária, espelho da casa de banho, etc....

4) Por exemplo, alguém que quer emagrecer pode colocar no frigorífico uma foto de quando estava com o peso que considera ideal.

5) Trace metas de curto e longo prazo. Comemore sempre as pequenas conquistas para alimentar a conquista maior. Weisinger (1998) afirma que esta atitude aumenta o recurso da Automotivação para as próximas conquistas.

6) Faça constantes reavaliações da trajetória que, neste caso, se está em direção ao desenvolvimento da IE. Este exercício "pode exigir prática, mas vale a pena o esforço. Cada vez que enfrentar um desafio ou mesmo um fracasso, tente encontrar

pelo menos uma coisa boa sobre a situação" (Batool, 2013, p. 89).

As três competências expostas até ao momento são pertinentes à inteligência intrapessoal, conforme os artigos já atempadamente destacados. A partir de agora, as dimensões explanadas (Empatia – E, Perceção da Emoção do Outro – PEO) tratam-se de competências relacionais, ou seja, pertencentes à inteligência interpessoal destacada no livro *Frames of Mind The Theory of Multiple Intelligences*, de Gardner (2011) publicado inicialmente em 1983.

3.4 COMPETÊNCIA DA EMPATIA (E)

Antes de apresentar o conteúdo principal da dimensão Empatia, é importante analisar o enquadramento correto do sentido de Empatia frente à Simpatia e as suas derivações. Neste contexto, há um contributo significativo de Singer e Lamm (2009) em que um indivíduo (emissor) pode estimular uma resposta emocional no outro (recetor) através da "empatia (sentir com o outro), simpatia (sentir pelo outro),..." (p. 84). Estes autores acrescentam que a Empatia (E) é a emoção exatamente recíproca ao estímulo como, por exemplo, um indivíduo emocionalmente alegre pode provocar num ser empático à mesma emoção (efeito contágio ou contaminação. Ver capítulo 1). Por outro lado, um ser simpatizante sentirá apenas piedade do emissor emocionalmente triste (Singer e Lamm, 2009). Portanto, a empatia envolve a "capacidade de compartilhar as experiências afetivas de outros" (Singer e Lamm, 2009, p. 81), o respeito e aceitação ao próximo, sem julgamento (Ury, 2015), "tratar o outro com dignidade como gostaria de ser tratado" (p. 90). Ela pode ser ainda compreendida como senso "cooperativo, contribuinte, construtivo, capacidade de fazer e manter relacionamentos e ajustar as próprias emoções, pensamentos e comportamentos em prol do outro" (capacidades das dimensões: Responsabilidade Social, Relacionamento Interpessoal e Flexibilidade do modelo EQI de Bar-on *et al.*, 2000, p. 1116), e ainda "ensinar os outros a aprender, a crescer, a serem mais produtivos e a desenvolver relacionamentos, habilidades de saber acalmar uma pessoa, serem um ouvinte solidário" (Weisinger, 1998, p. 184).

Do ponto de vista neurocientífico, estudos substanciais comprovam que o contágio emocional "está associado à ativação das estruturas neurais" (p. 81), através da "perceção ou imaginação do estado emocional do outro" (Singer e Lamm, 2009, p. 84), o que permite que a Empatia seja explicada neste sentido, como um "neurónio espelho", ou seja, uma parte do cérebro reconhece as emoções expressadas na linguagem corporal e facial num indivíduo (emissor da emoção) e emite uma emoção recíproca na parte observadora (recetor da emoção) (Riess e Kraft-Todd, 2014) (Ver capítulo 1 sobre neurociência da emoção). Enquanto do ponto de vista psicológico, a Empatia não apenas ajuda a evitar o julgamento precipitado ou rótulos distorcidos sobre um individuo" (Segal, 2001, p. 159), como também corrobora para entrarmos em "sintonia com uma grande diversidade de pessoas" (Goleman, 1998, p. 324), cujo propósito é facilitar as conexões a partir da avaliação e interpretação da emoção que o outro emite (Salovey e Mayer 1990).

O construto de Eisenberg e Strayer (1992) propõe uma abordagem independente da empatia cognitiva e afetiva. A primeira é a habilidade em perceber o que se está a passar na mente do outro e a sua emoção, através de pistas comunicacionais conjugadas ao processo de raciocínio integrado (Eisenberg e Strayer, 1992), entre o "pensamento, sentimento e ação do outro e assim estruturar o mundo como ele o faz" (Dymond, 1949, p. 226). Por outro lado, a empatia afetiva que dá um tom mais profundo, corresponde à ação instantaneamente colaborativa (Stansfield e Bunce, 2014). Para melhor clarificar este conceito, *Reniers et al.* (2011) afirmam que a empatia cognitiva é a "compreensão da experiência dos outros enquanto a empatia afetiva é a capacidade de experimentar verdadeiramente a experiência emocional dos outros" (p. 85).

No âmbito da negociação, a empatia é um sentimento sincero que o vendedor sente ao encontrar as melhores soluções para atender às necessidades dos seus clientes e deixá-los felizes, reconhecer os sentimentos, as dores, o problema e se posicionar mentalmente como se fosse o próprio (Deeter-Schmelz e Sojka, 2003). Assim, com base neste apontamento, fica claro que a abordagem da empatia cognitiva é mais útil e bastante pertinente nas negociações. Ela é interpretada pela Programação Neurolinguística (PNL) como *rapport*, uma ferramenta muito útil em todas os ambientes, seja educacional, profissional, nas formações, na terapia (O'Connor e Seymour, 1990).

No entanto, depois de dez anos a formar pessoas a desenvolver o *rapport*, considero como um processo para a conquista da empatia (cognitiva) e, por consequência, a conquista da confiança. Portanto, para os criadores da PNL, Doutores Beler e La Valle (1996), para conquistar o *rapport* deve haver "presença de confiança, harmonia e cooperação em um relacionamento" (p. 178). Esta afirmação pode parecer antagónica com o nosso argumento, pois o *rapport* conquistado pode resultar na "presença de confiança" e não ao contrário, mas talvez o Doutor Richard Beler e o seu colega, estejam a dizer na verdade, "presença de afinidade" para a conquista do *rapport*, cujo efeito será a empatia que, por sua vez, produzirá mais confiança. Adicionalmente, Park e Burgess (1924) agregam que o "*rapport* implica a existência de uma capacidade de resposta mútua, de modo a que cada membro do grupo reaja imediatamente, espontaneamente e com simpatia aos sentimentos e atitudes de todos os outros membros" (p. 893). E "nos permite criar uma ponte com a outra pessoa, já que se estabelece um nível de compreensão e de contato. É impossível guiar alguém por uma ponte sem construí-la antes" (O'Connor e Seymour, 1990, p. 39).

A empatia contribui para que os negociadores adotem um comportamento mais ético, sincero e correto (Cohen, 2010). Ela permite que as pessoas possam ter a "capacidade de se colocar na situação de outra pessoa e é fundamental para gerir uma equipa ou organização de sucesso" (Batool, 2013, p. 89). Inclusive os negociadores com habilidades empáticas são mais "propensos a desaprovar a ameaça de fazer um adversário parecer fraco, realizar subornos para obter informações e manipular emoções positivas e negativas para obter estrategicamente uma vantagem negocial" (Cohen, 2010, p. 576). Portanto, um comportamento empático é manifesto nas negociações (Deeter-Schmelz e Sojka, 2003; Ury, 2015) com abordagem integrativa (relacionais) (ver sobre abordagem no capítulo 7), em que o acordo pode ser benéfico para ambas as partes envolvidas (*win-win*) (Lewicki *et al.*, 2014), que se esforçam para apresentarem soluções congruentes com as necessidades/interesses diagnosticados, cujo propósito final é encontrar um acordo ótimo e solidificar o relacionamento no longo prazo (Cunha *et al.*, 2006), além de deixar o cliente feliz (Deeter-Schmelz e Sojka, 2003).

A qualidade desta interação define o resultado (Lingo, Fisher, e McGinn, 2012). Portanto, "a habilidade em usar a empatia pode resultar em recompensas financeiras" (p. 214), foi o que concluiu um estudo na Universidade de Ohio (Deeter-Schmelz e Sojka, 2003). Os benefícios da empatia são inúmeros. Porém, é válido acentuar que, como ela faz parte apenas de um composto da IE, desenvolver as demais competências faz toda a diferença. Inclusive um estudo comprova que o negociador emocionalmente inteligente consegue conquistar mais facilmente a confiança da contraparte, através da variável mediadora *rapport* (Kim *et al.*, 2014). Esta variável tem despertado o interesse em pesquisas académicas de vários temas. No entanto, no marketing por exemplo, Gremler e Gwinner (2000) afirma que a luz dada ao assunto ainda é muito fraca e frágil, mesmo o "relacionamento sólido com os clientes ser uma condição de sobrevivência" (p. 82) para muitas empresa. Este autor acrescenta que a partir da visão do marketing, o *rapport* tem tanta relevância para uma empresa que até dados científicos comprovam o benefício de sua utilização. Por isso, ele considera o *rapport* como parte do que ele chama de "qualidade funcional" (p. 91) que envolve entre outros fatores, "o contato visual, linguagem e gestos não verbais na prestação de serviço" (Gremler e Gwinner, 2000, p. 91). Portanto, *rapport* é compreendido como um estado de sintonia entre as partes em negociação e apoia-se nas pistas corporais, espelhamentos para "conduzir interações sociais" (Nadler, 2003, p. 875) e produzir confiança.

Para desenvolver o *rapport*, alcançar a empatia e conquistar a confiança, Tickle-Degnen e Rosenthal (1990), que realizaram os seus estudos na Universidade de Harvard e Chicago, constataram que o *rapport* é constituído por três comportamentos: atenção mútua, positividade e coordenação. Para os momentos iniciais, o comportamento de "positividade (amizade, cordialidade e carinho) e o comportamento de atenção mútua (intenso interesse mútuo no que o outro está a dizer ou fazer)" (p. 286) são mais relevantes e, para um segundo momento, o comportamento de "coordenação (sincronia, harmonia, regularidade, previsibilidade e equilíbrio) e atenção mútua" (Tickle-Degnen e Rosenthal, 1990, p. 286) são valiosos.

O'Connor e Seymour (1990) argumentam que quando a empatia mútua está presente "parece fluir, os seus corpos e as suas palavras estão em sintonia" (p. 36). No entanto, este processo exige "flexibilidade", uma condição comportamental adaptativa (Beler e La Valle, 1996, p. 177). Além disso, estudos destacam que a linguagem corporal parece exercer mais poder de influência na conquista do *rapport* (Tickle-Degnen e Rosenthal, 1990). Estes elementos destacados por Tickle-Degnen e Rosenthal (1990) (atenção mútua, positividade e coordenação) são interpretados por Beler e La Valle (1996), como "acompanhar (espelhar movimentos do corpo, respiração e tudo mais)" (p. 31), "calibrar (ler as respostas não verbais inconscientes de outra pessoa durante a interação e observar reação interna) e conduzir" (p. 176) (Ver Figura 1). Esta última fase é o mesmo que influenciar ou liderar a outra parte e O'Connor e Seymour (1990) dão o nome de "dança (linguagem corporal com sensibilidade e de maneira respeitosa)" (p. 37). Então, podemos interpretar o *rapport* como um processo da empatia no qual dançamos ao passo do outro e, conforme a evolução da interação e a conquista da confiança, o conduzimos a dançar o nosso passo. O processo pode parecer complexo, mas os indivíduos costumam praticar o *rapport* instantaneamente, sem perceber que o estão a fazer. Na verdade, o Doutor Richard Beler e o Doutor John Grinder (criadores da PNL) modelaram (analisar e mapear) o comportamento bem-sucedido de psicoterapeutas e constaram a importância do *rapport* para um resultado bem-sucedido.

Figura 1 – Hierarquia do *Rapport*

Fonte: Adaptado de Beler e La Valle (1996)

Para entendermos melhor este processo da conquista da empatia cognitiva através do *rapport*, sugiro um exercício com base no processo hierárquico do *rapport* para as negociações (Figura 1):

Identificar:

Observe os detalhes verbais e não verbais (inclui o fato) da outra parte. Caso esteja no ambiente do outro (escritório, por exemplo), observe todo o ambiente. Como a mesa está organizada. Verifique se há retratos, estátuas, quadros. Como está a iluminação da sala. Portanto, identifique o elemento que o ajudará a progredir na hierarquia do *rapport*. Identifique o ponto referencial para o uso do rapport. Esta etapa vai requerer o "estado de atenção plena" (autoconsciência).

Exemplo: Na série de televisão *Mental*, do canal Fox, o doutor Jack Gallagher é contratado para assumir um hospital em Los Angeles. O seu método nada ortodoxo é colocado em prática já no seu primeiro dia de trabalho. Um paciente tira a roupa e apresenta um comportamento alucinógeno e perigoso. O doutor Gallagher o observa e identifica bem o seu perfil. A partir daí, decide uma estratégia de abordagem para controlar a situação.

Na vida real, o negociador pode identificar um ponto em comum com a outra parte ou até mesmo reconhecer algo valioso para ele.

Acompanhar:

Para acompanhar, precisamos primeiro saber o que acompanhar. Por isso, a hierarquia do *rapport* tem como primeira etapa identificar.

Os Doutores Beler e La Valle (1996) afirmam que este é o momento em que devemos "espelhar movimentos do corpo, respiração e tudo mais" (p. 31). Inclua em "tudo mais" a voz e linguagem verbal. "É possível imitar a tonalidade, a velocidade, o volume e o ritmo da fala. É o que acontece quando cantamos uma canção com outra pessoa. Entramos na canção e chegamos ao mesmo nível de harmonia" (O'Connor e Seymour, 1990, p.

38). Este autor sugere ainda que nunca se diga "anime-se!" para alguém que esteja deprimido, isso o deixaria mais péssimo. Use a voz e "gestos solidários" e logo, de maneira bem subtil, mude essa postura "até conduzi-la a uma postura mais positiva e dotada de recursos" (O'Connor e Seymour, 1990, p. 39).

No exemplo da série *Mental*, o momento em que o doutor Gallagher "tira a roupa para criar um ambiente de empatia e controlar a situação" (Colombo, 2009) é justamente quando percorre o número dois do *rapport* (acompanhar). Nessa hora, precisamos mostrar ao negociador que está do outro lado o quanto nós estamos no mesmo lado. Estamos em busca de uma solução ótima para a díade.

Na vida real, esta fase diz respeito à forma como o negociador que deseja fazer o *rapport* vai externalizar o que identificou como elemento para iniciá-lo.

Verificar:

Sabe aquele momento em que o comediante conta uma piada e espera para ver a reação de seu público? É exatamente isso. Na verificação, o negociador quer apurar o quanto a outra parte já o reconhece como uma pessoa que está em posição de igualdade, com o mesmo objetivo, a lutar para conseguir criar valor e aumentar o bolo.

Talvez o leitor esteja a achar estranho o exemplo que trouxe para o desenvolvimento desta competência (caso 1 da série *Mental*), mas permite exemplificar de forma clara o *rapport*.

Neste episódio, o doutor Jack, já sem roupa, olha nos olhos do paciente (que tem alucinações, considera todos à sua volta como monstros e intitula-se como humano a dizer: "eu sou carne humana"), também diz: "eu sou carne humana também". Imediatamente, o paciente olha para o doutor Jack e não o vê como um monstro e sim como um ser igual. A partir desse momento, permite a aproximação e não o percebe como uma ameaça. Esta atitude dá ao doutor Jack a clara noção de que foi aceito. A verificação de aceitabilidade foi positiva. Pode avançar para a etapa subsequente.

Liderar:

Costumo dizer que é o momento mais delicado de todos. Só é possível liderar se houver efetivamente uma correta verificação de aceitabilidade positiva. Caso contrário, todos os castelos de cartas caem e tudo está definitivamente perdido.

Neste âmbito, o doutor Jack consegue convencer o paciente a parar de lutar contra todos e aceitar o tratamento.

Desenvolver cada uma das competências da inteligência emocional é crucial para processar o *rapport* na direção da conquista da empatia cognitiva e ser visto como um negociador confiável. Não é possível avançar numa negociação integrativa sem a empatia, sem processar o *rapport* e sem obter confiabilidade mútua. Ninguém segue ninguém se não houver identificação, similaridades, senso de igualdade entre as partes ou admiração.

Por exemplo, na série *Mental* que referenciei acima, o doutor Jack após verificar que a aceitabilidade foi positiva, inicia o processo de liderança para fazer com que o paciente aceite ser recolhido para o tratamento adequado e permita ser levado para o quarto.

A empatia, no que lhe concerne, manifesta-se através da perceção (Singer e Lamm, 2009), tema do nosso próximo ponto.

3.5 COMPETÊNCIA DA PERCEÇÃO DA EMOÇÃO DO OUTRO (PEO)

Muito se fala em perceção e pouco se sabe como se dá o seu processo. Primeiro, antes de falarmos sobre a Perceção da Emoção do Outro (PEO), faz-se importante abordar o processo da perceção (Figura 2).

A perceção é uma variável importante que conduz as pessoas com a mesma necessidade a adquirirem bens distintos (Futrell, 2003). Ela também pode ser interpretada como as "impressões sensoriais de modo a dar sentido ao seu ambiente" (Robbins e Judge, 2003, p. 166). Além de influenciar a tomada de decisão, a perceção é um preditor de comportamento futuro que permite ao negociador identificar atempadamente (Thompson 1990).

De acordo com Lewicki *et al.* (2014), em qualquer processo negocial "as necessidades, desejos, motivações e experiências pessoais do ser percetivo" (p. 121), bem como, "regras e padrões morais" (Jagodzinska, 2016, p. 72), influenciam na interpretação da relação ao oponente que possui uma particular realidade sobre o contexto. E se esta interpretação estiver errada, qual seria o resultado da negociação? Por isso, para Lewicki *et al.* (2014), o objetivo da situação negocial é "perceber e interpretar o contexto com exatidão" (p. 121). Aliais uma das competências chaves de um negociador é a perceptividade (Jagodzinska, 2016), já que os oponentes podem perceber a situação de forma completamente distinta entre eles, o que acaba por impactar no modo como os envolvidos se comportam, e ainda no resultado do acordo (Thompson, 1990). A percetividade favorece o encontro de soluções condizentes com as "necessidades dos clientes e leva a um bom desempenho no resultado" (Deeter-Schmelz e Sojka, 2003, p. 215).

Figura 2 – Processo Cognitivo da Perceção

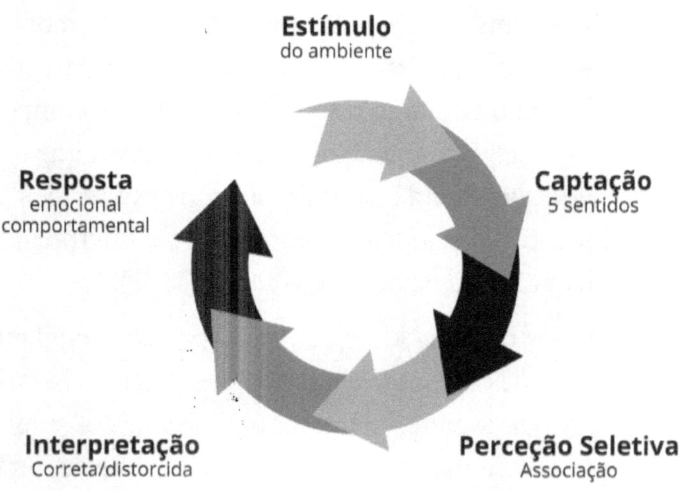

Fonte: Adaptado de Slocum e Hellriegel (2011) exposto por Jagodzinska (2016)

Para entender melhor como se dá a interpretação, a Figura 2 mostra o Processo Cognitivo da Perceção, baseado em cinco fases.

Através dos sentidos (visão, olfato, paladar, audição e tato) recebemos informações do ambiente. No entanto, somente as informações selecionadas, ou melhor filtradas, serão efetivamente recebidas. Ao passar por este filtro, as informações sofrem uma interpretação que é governada pelos fatores de influência, como: "características pessoais, personalidade, motivos, interesses, experiências passadas e expetativas" (Robbins e Judge, 2003, p. 167) (dei o nome de bagagem mental. Ver capítulo 5). A partir daí, realizamos comparações com situações antecedentes e as interpretamos corretamente ou incorretamente, o que transforma a perceção de cada indivíduo "substancialmente diferente da realidade objetiva" (Robbins e Judge, 2003, p. 166). É neste momento (interpretação) que podem ocorrer as distorções percetivas. De seguida, emitimos uma resposta ou feedback comportamental ao ambiente. Portanto, é da mesma forma que acontece nas negociações em que os argumentos explanados pelo negociador são "selecionados, organizados e interpretados" (p. 94) para a tomada de decisão (Futrell, 2003).

Entender o processo cognitivo da perceção é altamente relevante dadas as possíveis distorções percetíveis produzidas quando uma parte interpreta as informações emitidas pela contraparte de maneira errada, o que, fatalmente, produz resultados medíocres (Weisinger, 1998). O processo ajuda o negociador a se consciencializar como a sua perceção é formada e ainda como geri-la especialmente num processo negocial (Jagodzinska, 2016). Tal consciência evitará as distorções percetivas, "erros de natureza percetiva: estereotipagem, o efeito halo, a perceção seletiva e a projeção" (Lewicki *et al.*, 2014, p. 121) em que alguns chamam de enviesamentos percetivos.

A estereotipagem, por exemplo, é o enquadramento de um individuo em um grupo: raça, homem ou mulher, português, brasileiro" (Lewicki *et al.*, 2014).

Efeito halo é a generalização da perceção sobre a pessoa com base em uma ou algumas variáveis (e.g.: indivíduo que não sorri é antipático). É um efeito muito presente em negociações, pois é baseado em impressões rápidas (Lewicki *et al.*, 2014).

Perceção seletiva é quando o indivíduo analisa o evento usando como base as experiências anteriores e sua forma particular de interpretar a vida (Jagodzinska, 2016), assim percebe "aquilo que lhes interessa" (Martinelli, Nielsen, e Martins, 2010, p. 68).

Projeção, corresponde a uma espécie de partilha de sentimentos e características (Lewicki *et al.*, 2014).

Para Futrell (2003), as distorções percetivas são causadoras de objeções que acontecem quando o conteúdo recebido não está em conformidade com o sistema de "crenças e atitudes" (p. 94) do comprador. Neste sentido, o indivíduo processa a perceção e dá um significado com base num conteúdo que não foi falado anteriormente (Martinelli *et al.*, 2010). Portanto, para Thompson (1990), a perceção situacional sofre julgamento que as partes fazem da situação negocial e no acordo. Ele defende ainda, a necessidade do uso de alternativas em que o indivíduo procura perceber e analisar também a si mesmo (competência da autoconsciência da IE). Além disso, Jagodzinska (2016), no seu estudo, confirmou resultados positivos com o que denomina Modelo Tridimensional da Perceção na Negociação (MTPN). Para o autor, o grande e importante contributo do modelo está na gestão da forma como as partes envolvidas na negociação percebem o contexto. O modelo corrobora para a amplitude da visão negocial e sua dinâmica, bem como ajuda a transformar a perceção seletiva em perceção estratégia ou objetiva.

Como a negociação é composta por mais de um ator e contexto, o MTPN de Jagodzinska (2016) envolve a "perceção individual, relacional e situacional" (p. 74) (Quadro 7), para uma melhor compreensão dos diferentes focos percecionais. Portanto, quando estiver numa negociação, procure perceber a si mesmo (competência da autoconsciência que abordei anteriormente), perceba o outro sem julgamento (competência da empatia), analise o ambiente e as variáveis referente ao contexto negocial. Inclusive, Cohen (1980) recomenda que um negociador "procure distanciar-se um pouco, de forma a ouvir com o seu terceiro ouvido e observar com o terceiro olho… isso permitirá entender melhor" (p. 109) a negociação de forma holística.

Quadro 7 – Modelo Tridimensional da Perceção da Negociação (MTPN)

NÍVEL DE PERCEÇÃO	DEFINIÇÃO
Individual	Como os outros veem e reagem a nós e ainda como influenciamos a outra parte.
Relacional	A natureza e as regras que regem o relacionamento com a parte com a qual estamos lidando.
Situacional	Continuum de todos esses elementos refletidos na estratégia de negociação, estilo, tática empregada, etc.

Fonte: Adaptado de Jagodzinska (2016, p. 74)

Até este momento, apresentei como se dá o processo da perceção, as possíveis distorções que podem ocorrer na negociação e em qualquer interação social e, ainda, como transformar a perceção seletiva em objetiva. Agora, de seguida, abordo a competência da Perceção da Emoção do Outro (PEO), a qual envolve a perceção visual que pode "ser definida como uma coordenação da interpretação dos dados" (McMenamin, 1976, p. 6).

A perceção visual assenta na interpretação da linguagem do corpo e da face que são responsáveis por expor a emoção que o indivíduo está a sentir (Ekman e Friesen, 1969; Fulmer e Barry, 2004). Assim, inúmeras "pistas informacionais" (p. 257) são interpretadas por este processo, que acabam por ser agregadoras nas Fases do Processo de Negociação (FPN) (Fulmer e Barry, 2004), como: perceber se a contraparte demonstra estar mais suscetível a ser influenciada (e.g. quando acena um sim com a cabeça... é mais facilmente persuadida. Carney *et al.*, 2010, p. 1366), "alertar da existência de interesse ou restrições subjacentes" (Fulmer e Barry, 2004, p. 258), dar um tom mais realista para "colocar as coisas na perspetiva correta" (Bar-on, 2006, p. 19).

Estudos comprovam que a PEO, compreendida como "habilidade interpessoal fundamental na negociação"(Schlegel *et al.*, 2018, p. 13), é "extremamente importante nas fases iniciais" da negociação (Kelly e Kaminskienė, 2016, p. 59) uma vez que contribuir para que o negociador saiba adaptar a estratégia (Schlegel *et al.*, 2018) com base nas "expressões emocionais do outro" (Pietroni *et al.*, 2008, p. 1448). Portanto, um negociador, que possui elevado nível de IE, consegue ler as impressões emocionais no corpo e na face, e é mais disposto a adotar a abordagem integrativa (colaborativa ou relacional) na negociação. Como consequência, estes negociadores estão "mais propensos a fechar negócios mutuamente satisfatórios" (Pietroni *et al.*, 2008, p. 1451). Outro estudo apurou que os respondentes foram unânimes em mencionar que usam a leitura da linguagem corporal para perceber a emoção da outra parte (Deeter-Schmelz e Sojka, 2003). Assim, como Curhan e Mueller (2006), que constataram que o público-alvo do seu estudo apresentava "capacidade de entender a emoção e o humor da contraparte em uma negociação" (p. 124).

Para o uso da PEO, algumas técnicas são sugeridas pela literatura.

- **"Terceiro olho ou olhar de poder":**

"Imagine que a pessoa à sua frente tem um terceiro olho no centro da testa. Olhe fixamente na área triangular situada entre os olhos dela. O efeito que esse olhar exerce sobre o outro é inacreditável. Ele consegue tornar sério o clima da conversa" (Pease e Pease, 2004, p. 117).

- **Pistas oculares:**

Mais um dos contributos da PNL que, inclusive, já é bastante discutido cientificamente.

O Doutor Richard Beler e o Doutor John Grinder afirmaram que o movimento dos olhos das pessoas tinha similaridades com a resposta verbal e não verbal. Esta afirmação é sustentada também em diversos artigos científicos que Woodsmall (1990, p. 12) estudou e partilha os seguintes dados:

> Os cientistas descobriram um mecanismo básico e antigo nas profundezas do cérebro que relaciona fisiologicamente os movimentos dos olhos com a recuperação da memória sensorial. Chamado de "formação reticular", esse denso feixe de nervos serve como um filtro sensorial para o cérebro decidir quais mensagens são significativas o suficiente para serem enviadas à mente consciente para receber atenção. Os nervos que controlam os movimentos dos olhos. Acredita-se que sempre que o olho é movido para uma posição particular, seja instintivamente ou intencio-

nalmente, a formação reticular é ativada para enviar um feixe ou impulso ao cérebro para estimular uma determinada recordação sensorial motora.

Figura 3 – Pistas Oculares

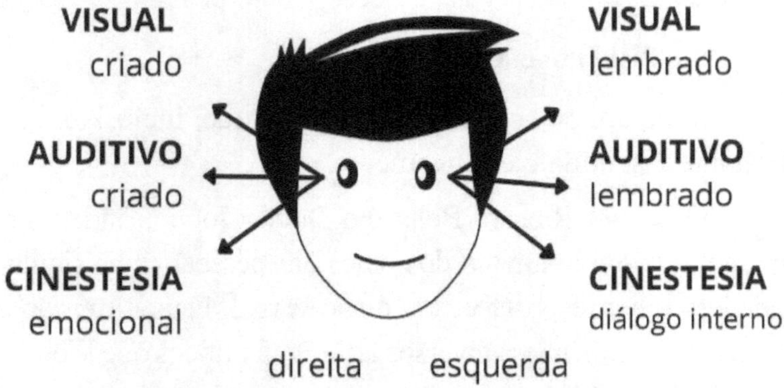

Fonte: Adaptado de Woodsmall (1990, p. 11) e Cayuela *et al.* (2011, p. 55–56)

A Figura 3 apresenta as pistas oculares que "são os movimentos inconscientes dos olhos que nos mostram o processo de pensamento do interlocutor" (Cayuela *et al.*, 2011, p. 54). Cada lado do cérebro controla o lado oposto afirmam Cayuela *et al.* (2011) que escreveram o livro *Neuromarketing. Para recobrar a confiança do cliente.* Por exemplo: O "hemisfério cerebral esquerdo controla os movimentos do lado direito e o hemisfério cerebral direito controla os movimentos do lado esquerdo" (p. 55). A interpretação da Figura 3:

- Olhar para cima: Para a esquerda, dizemos que está a lembrar imagens (campo visual); Para a direita, dizemos que está a criar imagens (campo visual);
- Olhar na altura da orelha: Para a esquerda, dizemos que está a lembrar-se de um diálogo ou som; Para a direita, está a criar um diálogo ou som.
- Olhar para baixo: Para a esquerda, dizemos que está num "diálogo interno", corresponde ao momento em que "fazemos mentalmente um balanço de nossa vida ou quando fazemos uma introspecção com tudo o que é o mundo interno" (Cayuela *et al.*, 2011, p. 57); para a direita, dizemos que está a experimentar uma emoção latente que pode vir a se manifestar. "No caso de pessoas canhotas, Woodsmall (1990) afirma que o sistema de interpretação é inverso. Portanto, antes de interpretar estas pistas, identifique primeiro se está a observar um destro ou canhoto.

- **Pistas emocionais na face:**

No Quadro 8, constam diversas informações sobre como identificar as emoções na face das pessoas, com base num largo estudo realizado pelo Doutor Paul Ekman (2003). Neste quadro, há algumas emoções que podemos encontrar nas negociações em graus mais leves. No entanto, no seu livro é possível estudar sobre os sinais e as respetivas intensidades da emoção na face.

Quadro 8 – Pistas emocionais na face

EMOÇÃO	SINAIS
Raiva leve	• Sobrancelhas contraídas. Fechadas • Lábios contraídos • Mandíbula move-se para frente • Pálpebras inferiores ligeiramente tensas
Tristeza	• Lábios negativos (puxados para baixo) • Olhar opaco, caído, puxado para baixo • Pálpebras levemente contraídas
Alegria	• Bochechas mais contraídas • Pálpebras inferiores ligeiramente contraídas • Com sorriso largo (dentes à mostra): produz rugas tipo "pé de galinha" (marca de expressão bem definida) • Estreitamento dos olhos
Surpresa	• Sobrancelhas bem elevadas • Boca levemente aberta na vertical. Tipo "queixo caído" • Pálpebras relaxadas
Medo	• Sobrancelhas elevadas • Pálpebras contraídas (tensas) • Boca ligeiramente aberta na horizontal. Esticada para a lateral

Fonte: Adaptado de Paul Ekman (2003)

As expressões faciais e a identificação das pistas oculares exigem muito treino. Então, recomenda-se que comece já os seus estudos e assista a programas de entrevista para analisar estas expressões e pistas. Analise a congruência entre as respetivas indicações com a linguagem verbal.

Na primeira parte do livro, abordou-se a Inteligência Emocional e os seus reflexos na negociação. Na próxima secção, pretende-se dar uma luz maior sobre o ambiente da negociação, as suas interfaces, o perfil do negociador e os demais elementos que podem exigir ainda mais a presença da Inteligência Emocional.

PARTE II
A Negociação

CAPÍTULO 4

O AMBIENTE DA NEGOCIAÇÃO

4.1 O QUE É A NEGOCIAÇÃO?

A negociação está presente em qualquer circunstância social, sempre que as partes se envolvem numa relação transacional à procura da solução para um dado problema, visando aos benefícios que cada um terá (Rubin e Brown, 1975) nesta relação, em particular as de perdas e ganhos (Sinaceur *et al.*, 2015). Porém, negociar tem um caráter particular e a experiência corrobora para alcançar resultados benéficos (Artinger, Vulkan, e Shem-Tov, 2015). Face a esta complexidade, há uma vasta literatura dedicada a este tema que propõe definições com o intuito de compreender o que é negociação. Algumas definições estão expostas no Quadro 9.

Uma análise das definições existentes sobre negociação permite identificar algumas variáveis que possibilitam uma descrição mais abrangente do que é negociação. Portanto, estas variáveis são: interação, troca, recursos limitados, interesses, interdependência, poder, informação, conflito, solução, decisão, **comportamento** e **competências emocionais**. Elas sustentam a pretensão de unificar as definições compostas no Quadro 9 em que negociar é interagir socialmente com a contraparte (Fisher *et al.*, 1991; Lewicki *et al.*, 2014; Pruitt, 1981; Schelling, 1980; Shell, 2011; Thompson, 1990) que envolve a comunicação (Shell, 2011; Thompson, 1990), a cognição, o comportamento e exige competências emocionais (Kelly e Kaminskienė, 2016) para estabelecer a relação de troca (Sparks, 1992), em virtude da existência dos recursos limitados (Lewicki e Polin 2013; Sparks, 1992) e dos interesses comuns ou opostos (Fisher *et al.*, 1991; Lewicki *et al.*, 2014; Pruitt, 1981; Schelling, 1980; Thompson, 1990), que podem produzir os conflitos reais ou latentes (Lewicki *et al.*, 2014; Schelling, 1980; Sparks, 1992), dependendo do grau de interdependência entre as partes (Schelling, 1980), equilíbrio de poder, informação (Cohen, 1980) e o empenho na solução dos interesses (Lewicki *et al.*, 2014; Pruitt, 1981; Sparks, 1992), que podem resultar em benefícios materiais (extrínsecos) ou imateriais (intrínsecos) como exaltar e apoiar a outra parte (Kong, Dirks, e Ferrin, 2014).

Quadro 9 – Definições sobre Negociação

DEFINIÇÃO DE NEGOCIAÇÃO	AUTORES
Negociação é caracterizada pela relação de troca, existência de restrições e pressões; um problema que as partes buscam solucionar; perspetiva incerta; existência de um conflito real ou latente.	(Sparks, 1992, p. 18)
Negociação é a interação que ocorre entre as partes antes do resultado que inclui a comunicação entre os negociadores e as promessas comportamentais das estratégias de negociação.	(Thompson, 1990, p. 516)
Negociação é o uso da informação e do poder com o fim de influenciar o comportamento dentro de uma “rede de tensão”.	(Cohen, 1980, p. 14)
Chegar a um acordo sobre como partilhar ou dividir um recurso limitado, como terras, propriedades ou tempo; criar algo que as partes não podem produzir por conta própria; resolver um problema ou uma disputa entre as partes envolvidas (p. 3). Negociação é o processo de gestão de informações para resolver conflitos de interesse (p. 41).	(Lewicki e Polin, 2013, p. 41; Lewicki *et al.*, 2014, p. 3)
Negociação é o processo através do qual as partes disputadas tentam alcançar uma decisão conjunta nas matérias alvo de desacordo ou dissensão.	(Cunha *et al.*, 2006, p. 546)
Negociação é um meio básico de conseguir o que se quer dos outros. É uma comunicação de ida e volta projetada para chegar a um acordo quando você e o outro lado têm alguns interesses que são partilhados e outros que se opõem.	(Fisher *et al.*, 1991, p. 6)
Negociação é uma relação de motivo misto – a mistura de dependência mútua e conflito de parceria e competição.	(Schelling, 1980, p. 89)

continua

DEFINIÇÃO DE NEGOCIAÇÃO	AUTORES
Negociação é um complexo processo chamado de cognição, comportamento e competências emocionais.	(Kelly e Kaminskienė, 2016, p. 59)
Negociação é uma forma de tomada de decisão na qual duas ou mais partes conversam entre si num esforço para resolver os seus interesses opostos.	(Pruitt, 1981, p. xi)
A negociação é um processo de comunicação interativa que pode acontecer quando querem algo de outra pessoa ou quando outra pessoa quer algo de nós.	(Shell, 2011, p. 6)

Fonte: Elaborado pela autora

Fica claro assim, que a literatura analisada no Quadro 9 permite perceber o quanto as variáveis que envolvem a negociação dão um tom de complexidade (Artinger *et al.*, 2015) a esta interação social (Fisher *et al.*, 1991; Lewicki *et al.*, 2014; Pruitt, 1981; Schelling, 1980; Thompson, 1990).

4.2. O PROCESSO DA NEGOCIAÇÃO

A ocorrência da negociação é um *puzzle* que conjuga a comunicação, o problema e o comportamento (Vetschera, 2013) e permite uma compreensão holística do papel da comunicação no decorrer das Fases do Processo de Negociação (FPN) (Lewicki *et al.*, 2014; Thompson, 1990). Em que a "Fase é um período coerente de interação, caracterizado por uma constelação dominante de atos comunicativos" (p. 2) que contribui para uma progressão entre as FPN (Holmes, Putnam, e Roloff, 1992). Portanto, "a negociação é um processo estratégico, realizado através de manobras desenhadas para atingir objetivos"(Wilson e Putnam, 1990, p. 374). A qualidade desta interação no decorrer das FPN define o resultado (Lingo *et al.*, 2012).

Contudo, quais são estas FPN?

Para responder à questão, uma vasta pesquisa foi realizada, porém não foi identificado nenhum consenso entre os autores sobre as FPN. Isto se deve ao facto de haver um fluxo diferente entre as negociações integrativas (relacionais) e distributivas (transacionais) (Lingo *et al.*, 2012; Patterson, 2000; Lewicki *et al.*, 2014), e ainda devido à negociação ser uma dinâmica baseada nas "habilidades do negociador, no comportamento do oponente e na análise exaustiva da sistemática do problema" (Kersten, Michalowski, Matwin, e Szpakowicz, 1988, p. 228).

As negociações relacionais, por sua vez, são pautadas pelo improviso e independentes das FPN (Gelfe *et al.*, 2006; Lingo *et al.*, 2012; Wilson e Putnam, 1990). Inclusive os negociadores são indisciplinados ao seguirem as FPN e, muitas vezes, as questões culturais são aplicáveis, ou seja, negociadores de um país podem perceber o tempo, a ordem da pauta negocial e a importância da relação de maneiras diferentes (Lingo *et al.*, 2012). Ao contrário desta visão, estudos apontam a importância das FPN estruturadas, pois permite uma melhor preparação prévia do negociador para enfrentar o ato negocial efetivo (Brown e Wright, 2008; Holmes *et al.*, 1992; Shell, 2011; Volkema *et al.*, 2011). Por exemplo, Shell (2011) comprovou no seu estudo que quando um negociador adota um "sistema de preparação formal na negociação eles alcançam acordos melhores não só para eles, mas também para ambos os lados" (p. 21). Este sistema de preparação formal contribui para que o negociador esteja mais bem capacitado para improvisar, pois negociar "não se trata de um processo às cegas de tentativa e erro... e nem de inventar coisas à medida que avança" (Wheeler, 2014, p. 121). Acredita-se na linha de pensamento destes autores relativamente à importância de estar preparado para improvisar. Em razão disso, traz-se uma discussão inerente às respetivas FPN e às defesas de cada autor, conforme o Quadro 10.

Quadro 10 – Modelos do Processo Negocial

	MODELO "TRIFÁSICO"	MODELO "TRIFÁSICO"	MODELO "QUADRIFASICO"	MODELO DE 10 FASES
Por	(Douglas, 1957)	(Brown e Wright, 2008)	(Shell, 2011)	(Volkema *et al.*, 2011)
1º	Estabelecer o intervalo ou faixa da negociação (e.g. Abertura. Holmes *et al.*, 1992)	Pré-negociação	Preparação	Construir Relacionamentos
2º	Reconhecer o intervalo (e.g. Desenvolvimento. Holmes *et al.*, 1992)	Negociação	Troca de informação	Clarificar
3º	Precipitar a crise decisória (e.g. Fecho. Holmes *et al.*, 1992)	Resultado	Concessões	Enquadramento
4º	---	---	Compromisso	Informação prioritária
5º	---	---	---	Reestruturação
6º	---	---	---	Informação posicional
7º	---	---	---	Concessão
8º	---	---	---	Processo e procedimento
9º	---	---	---	Responder questões
10º	---	---	---	Acordo

Fonte: Elaboração própria com base nos autores referidos

Ao analisar os modelos dos autores compostos no Quadro 10, nota-se grandes divergências entre as respetivas argumentações. Realmente não há um consenso entre estes autores. No entanto, todos acreditam que a negociação é um processo fásico e que o negociador deve estar preparado para evoluir nestas fases.

MODELO DE TRÊS FASES:

As Fases do Processo de Negociação (FPN) correspondem basicamente à abertura, ao desenvolvimento e ao fecho. No entanto, elas são dependentes do contexto envolvido (exemplo: business, policial, política, social) (Holmes *et al.*, 1992). Holmes *et al.* (1992) afirmam que o modelo de Douglas (1957), também baseado em três fases, é o mais apropriado para as negociações convencionais.

Fase 1:

Abertura (Holmes *et al.*, 1992) ou Estabelecer a faixa da negociação (Douglas, 1957). Trata-se do momento inicial da negociação, onde as partes exercem as críticas e julgamentos iniciais, apresentam "argumentos e contra-argumentos. Cada lado mostra um zelo prodigioso por expor e desacreditar o seu oponente" (p. 72). É a fase em que o negociador explana as suas argumentações previamente ensaiadas e se esforça para descobrir a estratégia da contraparte (Douglas, 1957).

Fase 2:

Desenvolvimento (Holmes *et al.*, 1992) ou Reconhecer o intervalo (Douglas, 1957). Corresponde ao momento da recolha de informações com o propósito de identificar os limites, as opções e as expetativas. Realiza-se a partir daí um "aumento das interações interpessoais. [...] manobras táticas, tanto ofensivas quanto defensivas, [...] disputam posição" (p. 75). As partes envolvidas esforçam-se para identificar como podem alcançar um acordo próspero e, ao mesmo tempo, apresentam-se resistentes e "só cedem terreno após muita relutância e sinais claros para um acordo tácito" (Holmes *et al.*, 1992, p. 5).

Fase 3:

Fecho (Holmes *et al.*, 1992) ou Precipitar a crise decisória (Douglas, 1957). Diz respeito ao momento final da negociação em que as partes apresentam as soluções com base nas informações extraídas nas fases antecedentes. É "a fase final que corresponde ao acordo" (Holmes *et al.*, 1992, p. 5). Os negociadores tomam as suas posições, "anunciando o seu acordo formal" (p. 80), discordância da solução apresentada ou identificam oportunidade "para conferir se a oferta final é apenas isso ou um convite para outra contraproposta" (Douglas, 1957, p. 80).

O modelo trifásico é criticado por Volkema *et al.*, (2011), que o compreendem como insuficiente para negociações. Por outro lado, Brown e Wright (2008) concordam com o modelo apresentado por Douglas (1957) e Holmes *et al.*, (1992), contudo introduzem uma fase antes da abertura. Afinal a negociação começa antes do seu início propriamente dito (Brown e Wright, 2008; Shell, 2011; Volkema *et al*,. 2011). Esta fase da preparação ou "pré-negociação consiste na identificação preliminar de problemas" (Patterson, 2000, p. 300) para definição prévia de estratégias (Shell, 2011). Brown e Wright (2008) argumentam nesta mesma linha, e defendem o seu processo negocial, composto por um modelo trifásico que envolve o momento antecedente à negociação, à própria negociação e à conclusão do acordo. Eles defendem que é necessário primeiramente determinar "os interesses, as opções, metas e táticas previamente. Depois, trocar informação, definir estratégia de abordagem e só então, prover relacionamento, resolver problemas e fechar ou não o acordo" (Brown e Wright, 2008, p. 93).

MODELO DE QUATRO FASES:

Um processo negocial seria mais amplamente detalhado e previamente cuidado quando a díade necessita estabelecer uma relação a longo prazo, afirma Patterson (2000), na revisão do livro *Bargaining for Advantage Negotiation Strategies for Reasonable People*, de Richard Shell, na primeira versão em 1999.

Shell (2011), numa versão mais atualizada de seu livro, traz luz ao seu modelo "quadrifásico" em que define "a negociação como um tipo de dança universal com quatro fases que são mais bem trabalhadas quando as partes são bons dançarinos" (p. 6). Esta "dança" seria:

Fase 1 – Preparar a estratégia:

Momento em que o negociador procura obter conhecimento prévio sobre a estratégia da negociação (pesquisar o lugar onde a negociação será realizada, saber mais sobre os outros negociadores e seus respetivos perfis). Segundo o autor, isto contribui para que o negociador se sinta mais bem preparado para o improviso.

Fase 2 – Troca de Informações:

Fase em que o negociador procura identificar as expectativas da contraparte através de "perguntas, recapitulação, teste de compreensão das expectativas, ouvir, ouvir e ouvir" (Shell, 2011, p. 22).

Fase 3 – Concessões:

As partes procuram lançar as suas ofertas e definir os limites aceitáveis para as respetivas concessões.

Fase 4 – Compromisso:

Os negociadores celebram a confiabilidade mútua, são sinceros e nunca fazem promessa que não podem cumprir (Shell, 2011).

Modelo de dez fases:

Volkema *et al.* (2011) realizaram um estudo baseado nas negociações por e-mail e afirmam que as FPN para este tipo de negociação são estruturadas em dez fases:

Fase 1 – Introdução ou construção de relacionamento: apresentar a si mesmo e a organização, prover uma relação mais informal, aproximar-se, perguntar, estabelecer elo relacional.

Fase 2 – Clarificação: esclarecer com o detalhe, o problema e a tarefa.

Fase 3 – Enquadramento: acentuar a importância do *win* no resultado.

Fase 4 – Informação prioritária: requerer informação sobre o problema, oferecer *trade off* (compensações).

Fase 5 – Reestruturação: propor uma nova forma de proceder, apresentar a abertura e o fechamento do processo.

Fase 6 – Informação posicional: fazer ou repetir ofertas iniciais, requerer uma oferta inicial.

Fase 7 – Concessão: propor modificações e fazer ofertas.

Fase 8 – Processo e procedimento: propor modificações no processo, informar o tempo para retorno e perguntar sobre disponibilidade.

Fase 9 – Pedir respostas: solicitar respostas.

Fase 10 – Acordo: concordar com algumas das posições da outra parte.

Uma análise comparativa dos quatro modelos permite-nos perceber as similaridades, diferenças e até mesmo a extensão das FPN. Nota-se que, apesar de ser compreendida como "ingrediente essencial de qualquer processo de negociação realista" (Vetschera, Filzmoser, e Mitterhofer, 2014, p. 78), a "concessão" está presente apenas nos modelos de Shell (2011) e Volkema *et al.*, (2011). Assim como, observa-se um consenso referente à existência da fase de preparação na negociação compartilhado por Shell (2011) e Brown e Wright (2008), pois se referem ao momento em que o negociador define a sua estratégia (Patterson, 2000), apura necessidades particulares e estabelece objetivos.

A considerar que os negociadores relacionais da vida real não seguem necessariamente todas as FPN de maneira disciplinar e que o improviso impera neste tipo de negociação (Lewicki *et al.*, 2014), acredita-se que seja primordial uma preparação no processo de negociação, pois é o recurso necessário para lidar com o improviso (Wheeler, 2014). Portanto, o cuidado requerido na progressão das FPN, especialmente para as negociações integrativas (relacionais) (Brown e Wright, 2008; Holmes *et al.*, 1992; Patterson, 2000; Volkema *et al.*, 2011), é a importância de uma formação adequada e a experiência na negociação para o alcance de resultados produtivos e satisfatório para a díade (Artinger *et al.*, 2015; Brown e Wright, 2008; Thompson, 1990). Conclui-se, assim, através dos aspetos apresentados que, mesmo sendo possivelmente indisciplinado diante da FPN

(Lewicki *et al.*, 2014), o negociador precisa de uma direção (um norte, um modelo) para estar mais bem preparado para a negociação (Wheeler, 2014). Este modelo das FPN precisa ser simples e de fácil condução, pois, efetivamente, configura as FPN prescritivas. Isto é, retrata um modelo básico em que o negociador deveria fazer sem refletir a rigidez no momento negocial em prol de estabelecer uma negociação relacional (integrativa) em que as partes esforçam-se para encontrar soluções convergentes aos interesses de ambas (Cunha *et al.*, 2006; Fisher *et al.*, 1991).

Portanto, com base na revisão de literatura, defende-se um novo modelo, composto por 5 Fases do Processo de Negociação – 5FPN (Quadro 11). Este modelo corresponde à integração dos modelos analisados na literatura e expostos no Quadro 10. O modelo 5FPN apresenta também similaridades com a argumentação de Lewicki *et al.* (2014) baseada em sete passos: "preparação, construção de relacionamento, recolha de informações, uso das informações, fechamento do acordo e implementação do acordo" (p. 103).

Quadro 11 – Modelo das 5 Fases do Processo de Negociação – 5FPN

FASES	CONTEÚDO	AUTORES
Preparação	• metas • interesses • opções • **estratégia**	(Brown e Wright, 2008; Shell, 2011)
Relacionamento	• apresentações pessoais e empresariais • informalidades • **confiança**	(Holmes *et al.*, 1992; Lewicki e Polin, 2013; Volkema *et al.*, 2011)
Clarificação	• troca de informações • sondagem • confirmações	(Brown e Wright, 2008; Patterson, 2000; Volkema *et al.*, 2011)
Apresentação	• **solução dos interesses** • resolução do problema • enquadramento *win* • reestruturação • processo e procedimento • fazer e fazer concessões a destacar o enquadramento *win* proposto	(Brown e Wright, 2008; Douglas, 1957; Holmes *et al.*, 1992; Shell, 2011; Volkema *et al.*, 2011)
Acordo	• avaliar aceitação • **compromisso**	(Brown e Wright, 2008; Douglas, 1957; Holmes *et al.*, 1992; Shell, 2011; Volkema *et al.*, 2011)

Fonte: Elaboração própria com base nos quatro modelos analisados

- **Fase 1 (planeamento) – Preparação:** O planeamento pode ser compreendido como uma fase de caráter "decisivo em qualquer negociação"(Kelly e Kaminskienė, 2016, p. 59), pois o líder que obtém a vitória "realiza muitos cálculos" (Sun-Tzu, 2015) antecipadamente. Estes cálculos são metas e opções para a solução de problemas. Assim como, a definição da estratégia (Patterson, 2000) e a identificação das necessidades (Brown e Wright, 2008). Portanto, a palavra-chave nesta etapa é **estratégia**.

- **Fase 2 (ação) – Relacionamento:** Nesta fase, as partes passam a conhecer-se melhor por meio de apresentações pessoais e profissionais com o propósito de conquistar a confiança e seguir nas fases subsequentes. Como é possível notar, a confiança foi adicionada na fase 2 (Quadro 11), pois é reconhecida como um dos alicerces que mantém e sustenta o relacionamento. O grau de confiabilidade mútua vai de acordo com o nível de "interdependência das partes na tentativa de resolver os interesses opostos" (Lewicki e Polin, 2013, p. 32). Brown e Wright (2008) e Volkema *et al.* (2011) definem esta fase como decisiva na negociação. Sendo assim, a palavra-chave nesta fase é **confiança**. De acordo com a literatura, estabelecer o relacionamento e ganhar a confiança é primordial para avançar nas fases seguintes e, portanto, faz parte da rotina do negociador.

- **Fase 3 (ação) - Clarificação:** Esta fase é delicada e importante. As perceções sobre o problema são esclarecidas e confirmadas, como também, os interesses são compartilhados através da troca de informações pertinentes para chegar a um resultado *win* (Brown e Wright, 2008; Patterson, 2000; Volkema *et al.*, 2011). Com isso, a palavra-chave nesta fase é **informação.**

- **Fase 4 (ação) - Apresentação:** A partir de um entendimento coerente sobre os interesses e problemas da parte oposta, uma apresentação da solução é compartilhada. Iniciam-se as concessões para ajustar a solução ao problema, que são subsidiadas através das opções elencadas na primeira fase. As concessões têm um papel crucial na negociação (Patterson, 2000; Vetschera *et al.*, 2014; Volkema *et al.*, 2011). O objetivo final é conquistar um acordo positivo para ambas as partes (*win*). Com isso, a palavra-chave para esta fase é **solução dos interesses/problemas**.

- **Fase 5 - (ação) Acordo:** Por fim, chega o momento da concordância mútua sobre os parâmetros apresentados e efetiva-se o compromisso da díade. As partes tendem a esforçar-se mais para fechar um acordo, quando o não acordo representar prejuízo (Thompson, 1990). Portanto, **compromisso** é a palavra-chave desta fase.

Neste capítulo, compreendemos os elementos que envolvem o ambiente da negociação. Foi possível entender quais as variáveis que envolvem uma negociação e como se dão as FPN. No entanto, pelo facto da negociação ser um processo guiado por pessoas, precisamos falar de pessoas, ou seja, do negociador. E este é o tópico do próximo capítulo.

CAPÍTULO 5

OS NEGOCIADORES

5.1 VALE A PENA SER UM NEGOCIADOR?

Uma das competências que se usa, o tempo inteiro, é a negociação. Estudiosos afirmam que negociamos desde a hora em que acordamos. Ao contrário, o Doutor William Ury, professor de Negociação de Harvard, diz que "negociamos até quando estamos a dormir" para fazer uma analogia entre os conflitos entre o consciente e o subconsciente.

- A negociação é requerida em todos os ambientes e setores profissionais. A negociação ocorre quando (Lewicki *et al.*, 2014, p. 2):
- Amigos negociam para escolher o restaurante em que irão jantar;
- Crianças negociam para escolher o programa de televisão a que assistirão;
- Empresas negociam a aquisição de materiais e a venda de seus produtos;

- Advogados negociam um acordo antes de levar uma questão aos tribunais;
- A polícia negocia com terroristas a libertação dos reféns;
- Países negociam a liberação de suas fronteiras para o livre comércio.

Acredita-se que esta é uma competência-chave para muita coisa, inclusive para a evitação de um conflito, seja ele de qualquer natureza (pessoal, familiar, social ou organizacional). E mais, se as pessoas soubessem negociar, talvez os conflitos no mundo pudessem ser minimizados ou até mesmo não avançariam para o litígio.

O relatório do Fórum Económico Mundial (WEF) para 2025 menciona a negociação como uma das competências importantes, assim como a inteligência emocional. Segundo este relatório, a negociação é a capacidade de "unir outras pessoas e tentar reconciliar as diferenças. Persuadir os outros a mudarem de ideia ou comportamento" (Schwab e Zahidi, 2020, p. 153). No entanto, quando analisamos o *report* por completo, observamos que, no mesmo relatório, duas outras competências estão presentes (Schwab e Zahidi, 2020, p. 153):

- Capacidade de resolver problemas complexos: Identificar problemas complexos e revisar as informações relacionadas para desenvolver e avaliar opções e implementar soluções;

- Raciocínio, solução de problemas e idealização: Habilidades que influenciam a aplicação e manipulação de informações na solução de problemas. Habilidades que influenciam a solução de problemas envolvendo relações matemáticas.

Será a negociação meramente uma capacidade de "unir, reconciliar e persuadir pessoas" como argumenta o WEF (Schwab e Zahidi, 2020, p. 153)? Estudiosos do assunto, afirmam que a negociação é um processo dinâmico e que nem sempre o seu curso segue o caminho previamente planeado. Inclusive, o tópico anterior corrobora para se compreender o que é efetivamente a negociação e as variáveis que abarcam todo o seu contexto. A partir daí, o senso crítico do que é efetivamente a negociação fica mais apurado.

Infelizmente há poucas empresas que procuram desenvolver competências comportamentais e emocionais nas suas equipas de vendas e negociadores em geral. Nesta linha, Stanlley (2013) faz uma crítica ao sistema de desenvolvimento humano promovido pelas empresas, que é apoiado predominantemente em habilidades técnicas que, normalmente, não têm efeito expressivo sobre as vendas. Estas habilidades técnicas a que se refere dizem respeito aos treinamentos "de vendas tal como encontro de novas oportunidades, negociação ou táticas de fecho. Há pouca atenção para as habilidades interpessoais como a empatia, *rapport* e autoconfiança" (Stanlley, 2013, p. xiv). Machado (2015) afirma que o negociador deve desenvolver o "autoconhecimento, inteligência emocional, inteligência cultural e visão inteligente do ambiente de negócio para tornar-se um negociador" (p. 36) do futuro. Em conformidade com Machado (2015), Afonso (2015) aponta a importância deste profissional desenvolver o "domínio de seus recursos técnicos e comportamentais, possuir inteligência emocional, conseguir conectar-se com a natureza emocional do comprador e, com isso, saber como ecoar o seu nome no mercado e conquistar o sucesso" (p. 95).

O lado científico já comprova os benefícios do desenvolvimento de competências comportamentais e emocionais, mas a prática é que vai realmente colocar tudo em cheque.

Cada negociação tem um comportamento particular. Cada negociador tem uma reação especial. Cabe a cada um de nós, negociadores, saber examinar todos os aspectos de maneira estratégica e saber agir conforme a música negocial.

"Quando aumentamos a perceção de quem somos, começamos a entender e a aceitar melhor o outro como a nós mesmos."

Deise Machado

5.2 BAGAGEM MENTAL DOS NEGOCIADORES E A AUTONEGOCIAÇÃO

Para negociarmos com a outra parte, é preciso "aprender primeiro a nos influenciar antes de procurar influenciar os outros, sermos mais capazes de satisfazer as nossas necessidades, assim como atender as necessidades alheias" (Ury, 2015, p. 12), ou seja, autonegociação. O termo "autonegociação", ainda incomum nos dias atuais, encontra-se presente na linha de defesa de uma das maiores referências em negociação no mundo, o Doutor Willian Ury, da Universidade de Harvard, que escreveu o livro *Como Conseguir o Sim Consigo Mesmo*, trinta e cinco anos após escrever o livro *Como chegar ao sim*, junto a Roger Fisher e Bruce Patton (Fisher *et al.*, 1991).

Ninguém consegue negociar sem identificar as necessidades da outra parte. Portanto, na autonegociação não é diferente. Acredita-se que só é possível identificar as nossas reais e profundas necessidades quando conhecemos a fundo quem nós somos. Ury (2015) afirma isto e diz que o "primeiro passo é compreender a fundo o seu adversário mais poderoso que é você" (p. 12). E para enveredar neste caminho, a Programação Neurolinguística (PNL), a psicologia e a psicanálise podem contribuir para esse conhecimento.

A fundamentação científica de todas as técnicas da PNL é bastante discutida. Ainda hoje não podemos afirmar que se trata de uma ciência. Ela, na verdade, é um estudo do comportamento humano de excelência (Helm Jr., 1980), ou seja, a reunião das melhores práticas utilizadas por profissionais renomados e pesquisados pelo Doutor Richard Bandler e pelo Doutor John Grinder, os criadores da PNL. E a ausência relativa de dados científicos confiáveis que assegurem todas as técnicas da PNL como válidas pode ser compreendida a partir da comparação que Sharpley (1987) faz entre PNL e a psicanálise como "princípios não facilmente demonstrados em ambientes de laboratório, mas, ainda assim, fortemente apoiados por clínicos da área" (p. 105). Por outro lado, um estudo mais recente revela "que as técnicas de PNL aumentaram o nível de motivação e desempenho dos alunos, além de melhorar o sucesso do professor e a eficácia do ensino" (Lashkarian e Sayadian, 2015, p. 517).

Agora que a PNL foi introduzida neste tópico, abordo o seu contributo para o desenvolvimento da autonegociação a começar pela autoempatia, que Ury (2015) apresenta como o primeiro passo através da compreensão e não julgamento de si mesmo e a capacidade de "ouvir com empatia as suas próprias necessidades básicas (p. 13). Para isso, começo por sinalizar um dos pressupostos da PNL que diz que "mapa não é território", uma maneira de dizer que cada indivíduo percebe a vida de modo diferente e, por isso, possui uma realidade particular (Helm Jr., 1980), um mapa mental ou, se preferir, bagagem mental própria. A constituição do que chamo de bagagem mental é alimentada pelas experiências vividas e herdadas. Estas experiências, por sua vez, formam as crenças que influenciam na maneira como percebemos o mundo externo (Bodenhamer e Hall, 1988). A compreensão deste facto evita não só o julgamento do outro como também o autojulgamento. Além disso, corrobora para a construção do *rapport* (Helm Jr., 1980) (assunto a discutir mais à frente).

E como compreendermos a nossa bagagem mental e aprendermos a desenvolver a autoempatia?

Recorre-se à psicologia para entender a formação da nossa personalidade. Estudiosos argumentam que a personalidade é constituída por influências do ambiente social e do ambiente familiar (Krueger *et al.*, 2008). Porém, Carl Jung (1915) acrescenta que a personalidade seria, na verdade, constituída pela hereditariedade, ambiente social e Deus. A herança familiar (hereditariedade, como diz Jung), composta por "fatores determinados na conceção; sua composição biológica, fisiológica e psicológica inerente" (p. 135) seria responsável por 50% da nossa personalidade (Robbins e Judge, 2003). Os outros 50% estariam a cargo do ambiente social e de Deus, a considerar a argumentação de Jung. Portanto, independentemente da percentagem exata com que ambos os setores influenciam a personalidade, é primordial recapitular todas as possíveis influências que possamos ter recebido ao longo da vida. Analisarmos se o conteúdo armazenado na bagagem mental é uma crença fortalecedora ou uma crença limitadora (que impede de seguir a diante). Assim, proponho uma reflexão e, até mesmo, um exercício para que possam conscientizar-se a vossa própria bagagem mental e aprender como desenvolver a autoempatia. Este processo está baseado na constituição da personalidade, ou melhor, nos setores que influenciam a personalidade já explicitados. Então, vamos a isso.

Para construir o que chamo de Bagagem Mental (BM) é preciso entender como os sistemas da BM foram construídos e de que maneira eles hoje nos influenciam. Há muitos anos que aplico este exercício no seminário que ministro, mas não há efetivamente uma comprovação científica. No entanto, constato por experiência própria que, quando realizamos esta reflexão sobre a nossa BM, encontrarmos o nosso verdadeiro eu e até mesmo entendemos por que razão somos mais competitivos que colaborativos numa negociação, mais impacientes, menos capazes de saber lidar com as emoções, em especial os medos que nos toma; entendermos a impaciência que por vezes nos dominam. Encontramos assim, através deste exercício, muitas vezes, a raiz dos problemas. Passei a adotar este exercício depois de uma pós-graduação em Resolução de Conflitos Organizacionais que fiz. A escola de conflito afirma que a consciência contribui para o processo inicial da mudança. Portanto, "considerar a consciência como fundamental para a nossa experiência de conflito chama a atenção para os desafios envolvidos na produção de mudanças sustentáveis e os tipos de práticas que podem ser necessárias para superar esses desafios (Nan, 2011, p. 260). Então, vamos praticar o exercício e ver como a nossa consciência pode nos ajudar neste percurso.

Portanto a seguir, vamos falar dos sistemas que compõem a bagagem mental e que contribui para a compreensão de si mesmo.

Sistema Intrauterino

Começo por abordar este sistema que obviamente é o início de tudo.

A experiência emocional vivenciada pela mãe no período do pré-natal impacta na "memória fetal... Portanto, este vínculo pré-natal e as perceções vivenciadas pelo feto influenciam no desenvolvimento fisiológico, neuronal e psicológico da criança desde a conceção" (Cotiga, 2013, p. 533).

Para construir este sistema, oriento algumas perguntas que podem ser incrementadas com outras que achar relevante.

Exemplos: Como foi o período da gravidez? Teve alguma ocorrência emocional significativa? A gravidez foi planeada? Havia presença ou apoio do pai? Houve sentimento de rejeição, amor, ciúme, medo, etc.? Como foi o parto? Neste aspeto não se fala de cesariana ou parto normal, mas sim no estado emocional da mãe no momento da chegada do bebé. Compreende-se que seja difícil abordar estes assuntos, os quais, muitas vezes, podem parecer delicados. No entanto, tudo vai depender de como o negociador curioso aborda o caso com a sua mãe ou pai. Se os principais objetivos das perguntas forem inicialmente apresentados, com certeza haverá maior colaboração familiar na construção deste primeiro sistema.

Sistema Familiar

Os valores transferidos pelos pais, comportamentos herdados da cultura familiar e ainda o processo educacional dos pais da nova geração, conduzem o indivíduo a um determinado comportamento, isto é um facto muito debatido e já largamente comprovado.

Há adultos com dificuldades na tomada de decisão independente que, a partir do exercício, descobriram que os seus pais não os deixavam tomar decisões, mesmo as mais simples, como a de escolher a roupa a usar. A criança que foi inserida num sistema educacional estilo militar, rígido, organizado com horas e procedimentos para tudo pode encontrar dificuldade, na fase adulta, para quebrar paradigmas, ser resiliente e flexível.

Stephen pediu ajuda a Eker, coach que escreveu o livro *Os Segredos de uma Mente Milionária*, para o ajudar a gerir melhor o seu dinheiro, pois já estava a ganhar quase um milhão por ano e não conseguia comprar nenhum bem e sentir-se confortável financeiramente. E tudo o que ganhava, perdia de alguma maneira, relata Eker (2014). O autor imediatamente identificou a perceção do dinheiro que estava na mente inconsciente de Stephen como "coisa suja, de pessoas que não têm escrúpulos", investigou a origem e descobriu que estava na orientação materna. "Os ricos são gananciosos. Eles lucram com o suor dos pobres. Nós devemos ter o suficiente para viver. Mais do que isso é cobiça", relatos da mãe de Stephen (Eker, 2014, p. 20). Conforme a escola de conflito, a partir da origem do problema diagnosticado, emergido à consciência, a mudança será mais palpável.

O ser humano possui crenças para tudo. Às vezes, essa crença pode ser construtiva, mas se ela o impedir de conquistar, evoluir, crescer, então será uma crença destrutiva. Descubra as suas através do exercício que envolve este sistema. Portanto, analise como foi o seu sistema familiar. Quais foram os ensinamentos imputados pelos seus pais? Como foi a infância? Quais os valores que os seus pais ensinaram? Como foi a educação dos seus pais e que tipo de herança comportamental acabou por herdar? Como foi a relação pai, mãe e filho?

Sistema Educacional

O professor exerce uma importante influência em sala de aula que contribui para a maneira de ser do aluno (Meksenas, 1991). Portanto, "os laços afetivos, estruturados e consolidados tanto na escola como na família permitem que os indivíduos lidem com conflitos, aproximações e situações oriundas destes vínculos, aprendendo a resolver os problemas de maneira conjunta ou separada" (Dessen e Polonia, 2007, p. 27).

Cada instituição de ensino possui uma cultura própria. Umas são mais rígidas, outras mais flexíveis. Umas estimulam a criatividade, outras dão mais ênfase à intensidade de conhecimentos aprendidos. Esta cultura, no entanto, pode impactar no comportamento do indivíduo que lá estuda, podendo lhe propor maior disciplina, criatividade, senso crítico, capacidade de enfrentar desafios entre outros valores ou, até mesmo, desenvolver a timidez, senso de rejeição, pensamento limitado e não crítico, dificuldade de apresentar soluções criativas.

Como era a cultura da instituição de ensino em que mais estudou? Como era a postura do professor na sala de aula? O sistema de ensino era rígido, flexível, estimulava a criatividade, o pensamento crítico e a interação em grupos?

Sistema Religioso

Sigmund Freud dizia que a religião era uma forma de fazer com que cada indivíduo controlasse os seus instintos e impulsos. Para o fundador da Sociologia, Max Weber (2015), a religião tem a capacidade de impor transformações pessoais e sociais. "Existem evidências de que a religião envolve crenças, valores e práticas. Portanto conclui-se que o comportamento de um fiel está sob influência de sua religião tanto quanto de sua cultura ou família" (Caroline e Moré, 2009, p. 109).

Perguntas: Foi educado em algum sistema religioso? Caso sim, quanto tempo ficou inserido neste sistema? Que tipo de dogmas a religião pregava? Qual a influência desta religião no seu comportamento?

Sistema Social

Abordar o sistema social é falar do comportamento de consumo, valores e costumes de uma sociedade, política, economia, entre outras variáveis.

De acordo com a teoria de Maslow, o ser humano tem necessidade da relação social, de ser aceito no grupo, fazer parte de uma sociedade (Frame, 1996). E pode ser óbvio que, para ser aceito em um grupo social e estabelecer relações com os outros, o indivíduo tenha de fazer movimentos comportamentais em conformidade com o que é exigido pelo sistema. Quem nunca fez parte de uma rede social só para se sentir inserido? Quem nunca tirou *selfies* e publicou nas redes sociais só para ganhar reconhecimento? Quem nunca usou um determinado predicado para ser aceito em um grupo específico? Além disso, o ser humano necessita do meio social para aprender e se desenvolver. Este meio, por sua vez, funciona como espelho que produz similaridades comportamentais refletidas, é o que as experiências nos dizem (Afonso e Machado, 2020). Contudo, determinados comportamentos sociais formam novos grupos de perfis específicos, como é o caso do comportamento de consumo em uma era digital que é diferente em uma era analógica (Afonso e Machado, 2020). Alguns indivíduos são capazes de sacrificar as suas economias e adquirir um telemóvel da Apple para que, assim, consiga fazer parte do grupo seleto de pessoas (Afonso e Machado, 2020). Portanto, são exemplos como estes que nos fazem concluir que o sistema impõe movimentos comportamentais, ou melhor, novas culturas à medida que constrói novos mecanismos de consumo (Afonso e Machado, 2020).

Sistema Organizacional

Um indivíduo que encontra uma oportunidade de trabalho numa empresa, com uma determinada cultura, e lá permanece por um longo período de tempo, acaba por adotar novos comportamentos, ajustando os seus já existentes para se adaptar ao sistema orientado pela empresa, isto é um processo normal. A organização exige que o colaborador desenvolva determinadas competências para que esteja mais aderente ao perfil do cargo que ocupa. "Poucas pessoas conseguem manter sempre o mesmo comportamento. Normalmente, elas se adaptam às circunstâncias e exigências de outros ou de determinados ambientes" (Matos, 2008, p. 26).

Sabe-se que cada empresa possui um tipo de orientação empresarial que, por sua vez, contribui por definir a cultura organizacional.

Analisou-se a cultura organizacional diante da visão de Marketing para entender as quatro orientações empresariais de Kotler e Keller (2006), conforme o Quadro 12. Muitas vezes — pelo menos a experiência nos diz — a orientação do líder imediato pode ser diferente da organização como um todo. Logo, os colaboradores deste líder acabam por adotar a mesma filosofia de trabalho e desenvolvem competências específicas para serem aceitos pelo chefe direto. Isto define o nosso comportamento como vimos. No entanto, o que abordo abaixo é a possível influência (comportamento supostamente provável) que uma orientação organizacional possa exercer sobre a nossa forma de ser.

Quadro 12 – Orientações organizacionais e a influência no comportamento

	ORIENTAÇÃO ORGANIZACIONAL (KOTLER E KELLER, 2006)	COMPORTAMENTO SUPOSTAMENTE PROVÁVEL (AFONSO E MACHADO, 2020)
Foco em Produção	Empresa fabrica o produto idealizado e depois pensa em vendê-lo a qualquer custo em pouco tempo.	Pragmatismo, sabe lidar com pressão, pouco interesse em pessoas.
Foco em Produto	Empresa possui apego às características, vantagens e desvantagens de seu produto. Muito foco na perfeição de seu produto e pouco interesse no comprador.	Perfecionismo, preso aos detalhes, busca a excelência, pouco interesse em pessoas.
Foco nas Vendas	Foco no resultado da venda do produto, podendo se comprometer com a lucratividade. Uma empresa com essa cultura preconiza o atingimento de suas cotas e não se preocupa na manutenção de um relacionamento a longo prazo com os seus clientes.	Persuasivo, competitivo, não se preocupa com o vínculo relacional, o seu objetivo é escoar, vender a qualquer preço. Não considera os interesses reais dos seus clientes.
Foco em Marketing	O foco principal é o cliente. A empresa com essa orientação se preocupa em saber o que seus clientes anseiam para entregar um produto/serviço compatível com seus interesses. Buscam-se relações duradoras através do alto nível de satisfação.	Dotado de percetividade, capacidade de enxergar com os olhos do cliente, criatividade, empatia, busca não apenas atender seus clientes e sim entendê-los.

Fonte: Afonso e Machado (2020)

O exercício agora é identificar em que tipo de organização empresarial esteve inserido e de que maneira o sistema pode ter influenciado ou influencia o seu comportamento.

"Não é possível libertar um povo, sem antes, livrar-se da escravidão de si mesmo."
Mahatma Gehi

É com esta frase de Mahatma Gehi que finalizo a compreensão da nossa BM. É hora de aplicar os 3As, ou seja, Aceitar a si mesmo; Agradecer tudo que experienciou na vida e o quanto aprendeu, evoluir; e Agir em direção à qualidade de vida interior, à paz interior e à transformação interior.

A autonegociação é exatamente isso, identificar o que nos incomoda e aplicar os 3As.

5.3 PERFIL SENSORIAL DO NEGOCIADOR

Como vimos, a Bagagem Mental (BM) é a nossa essência e como tal é capaz de transformar a nossa visão do mundo. E define, ainda, como iremos perceber melhor o mundo, se de maneira predominantemente visual, auditiva ou cinestésica. "Usamos os cinco sentidos... para identificar a realidade a partir" (Cayuela *et al.*, 2011, p. 52) da nossa BM.

Dizemos que uma pessoa é visual quando é capaz de perceber detalhes do cenário, aprende mais com o uso de imagens e vídeos, preocupa-se mais com a qualidade do seu fato. "São pessoas organizadas, detalhistas, prolixas, observadoras. Põem a cabeça para a frente, os ombros para cima, fazem movimentos rápidos com as mãos, em geral com o corpo quieto" (Cayuela *et al*,. 2011, p. 59).

Os auditivos, em predominância, costumam ter muita facilidade para aprender com apenas verbalizações, costumam aprender coisas novas através de um audiolivro, enquanto está a dirigir ao mesmo tempo. Possuem habilidade para aprender idiomas, "imitar vozes, dicção cuidadosa, distraem-se mais facilmente com sons, inclinam a cabeça em direção ao interlocutor" (p. 60) e costumam posicionar-se com a orelha acentuada enquanto conversam (Cayuela *et al.*, 2011).

Os cinestésicos (integra os demais sentidos: olfato, paladar e tato, pois todos referem-se ao toque), em predominância, "são sensíveis, emocionais, gostam de usar a expressividade do corpo e destacam-se por serem profundamente sociais, gostam de tocar o interlocutor enquanto conversam" (Cayuela *et al.*, 2011, p. 61).

Negociadores perspicazes podem adaptar a sua apresentação negocial em consonância com o perfil sensorial da outra parte. Portanto, aos visuais, elementos gráficos, vídeos e imagens. Argumentações aos auditivos. Experimentações aos cinestésicos.

Recomendo que o negociador esteja sempre preparado com estes três elementos sensoriais.

5.4 PERFIL COMPORTAMENTAL DISC DO NEGOCIADOR

A partir da leitura sobre a Bagagem Mental é possível perceber como o nosso comportamento é resultante das experiências armazenadas do nosso passado. E, como vimos, a escola de conflito argumenta que a consciência de nós mesmos é o primeiro caminho para a mudança. Seja mudança da visão de mundo, mudança comportamental e, como consequência, mudança da perceção do outro. Talvez seja por este último motivo que o homem, já desde a Idade Média, esforça-se para entender as pessoas através de mecanismos baseados em estereótipos. E pelo que a história apresenta, "Hipócrates foi aparentemente o primeiro que instrumentou uma teoria baseada em quadro temperamentos: sanguíneo, colérico, fleumático e melancólico" (p. 1), todos ligados às emoções resultantes de excessos de substância em determinada parte do organismo (Helm Jr., 1980). É óbvio que Hipócrates definiu estes quatro quadrantes, com base na sua própria BM, afinal, era médico grego e, por muitos, considerado como o pai da medicina. Porém, o interessante é perceber que a associação do temperamento do indivíduo estava associada à emoção sentida e, por isso, o enquadramento do perfil de uma pessoa em um dos quatro quadrantes. Será que já desde esta época (antes de Cristo), Hipócrates já destacava a importância da inteligência emocional para melhorar as relações interpessoais?

Por outro lado, Carl Jung desenvolveu um modelo que se fundamenta nos seguintes perfis: "Sentimento, Sensação, Pensamento e Intuição, uma correspondência à divisão da consciência humana em quatro funções" (Futrell, 2003, p. 97). O modelo de Carl Jung está timidamente refletido no modelo de *Myers Briggs Type Indicator* (MBTI) (Myers, 2016, p. 302).

William Moulton Marston, que desenvolveu o modelo DISC, publicado em 1928, através do seu livro intitulado de *Emotion of Normal People*, definiu os perfis DISC (*dominance, compliance, submission e inducement)* em referência aos estados emocionais das pessoas (Marston, 1928). Seria mais um indício do esforço do homem em encontrar alternativas para desenvolver a inteligência emocional? Talvez sim ou talvez não. O facto é que esta metodologia ou modelo, como preferirem, é fortemente usada em grandes empresas e presente em vários países. Além disso, "muitos benefícios individuais e organizacionais devem resultar da compreensão do estilo comportamental de si mesmo e dos outros" (McKenna *et al.*, 2002, p. 315). Inclusive um número grande de investigadores argumentam que os benefícios do DISC estão nos processos de seleção, recrutamento, contratação, desenvolvimento e gestão de pessoas, produtividade, desempenho e, como consequência, maior bem-estar laboral *(McKenna et al.*, 2002). Para Slowikowski (2005), o "método DISC é fácil de administrar e interpretar. Este instrumento ajuda a determinar os diferentes tipos de personalidade de cada pessoa no local de trabalho" (p. 836).

Relativamente aos quatro perfis DISC, é importante salientar o contributo de John Geier, investigador que deu continuidade aos estudos de Marston e interpretou que os comportamentos "são determinados pela perceção e reação ao ambiente" (p. 4) e, ao contrário da linha antagónica composta por vieses negativos e positivos de Marston "com termos amigáveis versus hostis, presumiu que as pessoas avaliam o ambiente com base no seu stress e, com isso, descreve duas linhas: a determinada versus reservada que resulta em *dominant, influencing, steady and cautious* (dominante, influenciador, estabilidade e cauteloso)" (Gay, 2007, p. 4). Estes perfis estão devidamente associados e apresentados no Quadro 13.

Quadro 13 – Integração dos perfis comportamentais

Origem	**Hipócrates**	**Carl Jung**	**William Marston**	**John Geier com base em Marston**
Fonte	(Helm Jr., 1980)	(Futrell, 2003)	(Marston, 1928)	(Gay, 2007)
Perfil	Colérico	Sensação	Dominante	Dominante
	Sanguíneo	Intuição	Incentivador	Influenciador
	Fleumático	Sentimento	Submissão	Estabilidade
	Melancólico	Pensamento	Conformidade	Cauteloso

Fonte: Elaboração própria

Como destacam os estudiosos no assunto, cada indivíduo possui os quatro perfis comportamentais. No entanto, um perfil ou outro pode ter mais predominância. É possível encontrar pessoas com uma elevada predominância em até três perfis. As pessoas teriam um perfil pessoal, representativo do seu comportamento de origem ou essência, exposto em momentos de alta pressão ou momentos em que a pessoa sinta-se à vontade em família e/ou com amigos; o perfil ajustado, correspondente ao esforço realizado para desenvolver e adaptar-se às novas competências comportamentais exigidas no ambiente de trabalho (Matos, 2008). Portanto, a partir destes dois perfis (forma nata e ajustado ao ambiente), o indivíduo apresenta uma mutação comportamental ao longo da vida.

Quadro 14 – Identificando os perfis comportamentais DISC

	DOMINANTE	INFLUENTE
Quadrante	Racional | Resultado	Emocional | Pessoas
Relaciona-mento	Assertivo | Controlado | Foco no "eu"	Assertivo | Aberto | Foco no "nós"
Relação com tempo	Valioso | Acelerado	Importante | Ajustável às pessoas
Motivação	Poder | Autonomia | Resultados mensuráveis | Realização	Ser aceito | Qualidade de vida | Reconhecimento
Perfil	Direto	Persuasivo
Impulso	Rebaixar os outros	Incluir outros como parceiros
Principais competências	• Determinação: firmeza, assertividade e tomada de decisão; • Independência: pioneirismo, mobilidade, assumir riscos; • Automotivação: iniciativa, energia, competitividade.	• Sociabilidade: comunicação, empatia, participação; • Entusiasmo: otimismo, fluência verbal, criatividade; • Autoconfiança: flexibilidade, persuasão, senso de urgência.
Pontos Forte	Realista | Destemido | Rápido	Persuasivo | Criativo | Tenaz
Pontos Frágil	Impaciente | Centralizador | Impulsivo	Dispersivo | Nada prático | Dificuldade em ouvir

ESTÁVEL	CAUTELOSO
Emocional | Pessoas	Racional | Resultado
Ponderado | Aberto | Foco no "tu"	Ponderado | Controlado | Foco no "eles"
Necessário | Fixo	Preciso | A cumprir
Segurança | Família | Feedback do superior	Estar dentro dos padrões | Legitimação | Ser reconhecido como especialista
Suporte	Analista
Deixar os outros assumirem o comando	Controlo
• Paciência: comedimento, saber ouvir, amabilidade; • Persistência: autocontrolo, responsabilidade e organização; • Consideração: formalidade, confiança e moderação.	• Exatidão: perfecionismo, autodisciplina e precisão; • Conectividade: lógica, reflexão analítica, bom senso; • Percetividade: distanciamento, uniformidade, planeamento.
Empatia | Espontâneo | Escuta ativa	Prudente | Comunicador Eficiente | Clarificador
Resistente à mudança | Dificuldade em lidar com pressão | Passividade	Prolixo | Excessivamente cauteloso | Detalhista

continua

	DOMINANTE	INFLUENTE
Características	• Competitivo • Sempre em ação • Impaciente • Impulsivo • Objetivo • Aperto de mão forte • Funcional, mas desorganizado • Multitarefas • Quando interessado, projeta o corpo para a frente do interlocutor, do contrário para trás e olhar longe	• Colaborador • Entusiástico • Amigável • Persuasivo • Otimista • Aperto de mão amigável • Escritório desorganizado • Sociável e cortês • Sorri com os olhos • Linguagem corporal expressiva • Cinestésico, gosta de tocar nos outros para expressar amizade

O Quadro 14 apresenta os pormenores de cada perfil a partir da integração de alguns estudos. No entanto, para identificar com mais precisão o perfil comportamental de cada pessoa, recomenda-se o *Assessment DISC,* um teste avaliador composto por vinte e quatro questões que permitem identificar as motivações, o processo de decisão, o perfil pessoal e ajustado, as principais características, o perfil comunicador, o perfil líder e liderado e as principais competências comportamentais em percentuais. O instrumento tem sido utilizado em programas de formação de negociações. Acredita-se que ao perceber o seu próprio perfil comportamental, o negociador potencializa a sua capacidade

ESTÁVEL	CAUTELOSO
• Evita o conflito • Metódico • Normalmente possui mesa de trabalho bem organizada • Resistente à mudança • Ponderado e mais lento nas decisões • Bom ouvinte • Aperto de mão amigável, mas não ostensivo • Gosta de um ambiente seguro e confortável • Normalmente possui fotos da família e diplomas expostos	• Gosta de fazer no seu próprio ritmo • Muito bem-preparado • Pontual • Sistemático e disciplinado • Detalhado, preciso e lógico • Orientado para evidências • Aperto de mão solto, curto e às vezes nervoso • Normalmente possui mesa de trabalho impessoal • Evita contato visual em situações hostis

Fonte: adaptado de Futrell (2003); Matos e Portela (2012); Sparks (1992)

percetiva para identificar o perfil comportamental da outra parte que está a negociar, ou seja, na linha de que por meio da consciência de quem nós somos, aumentamos a consciência de quem o outro pode ser.

Contudo, entender os perfis DISC não basta para melhor entender o outro. É preciso levar em conta a componente cultural e as suas influências no comportamento. Tema do próximo tópico.

5.5 INTELIGÊNCIA CULTURAL DO NEGOCIADOR CONFORME O MODELO DE HOFSTEDE

Apresento, neste tópico, uma discussão muito valiosa no que se refere às negociações multinacionais, pois "as negociações ocorrem de forma diferente entre as culturas... e este modelo ajuda a explicar os comportamentos dos atores nas redes de comércio internacional" (Hofstede, Jonker, e Verwaart, 2012, p. 79). E, para isso, o Modelo das Dimensões Culturais de Hofstede: distância de poder, individualismo, masculinidade, evitação da incerteza e indulgência (Hofstede, 2011).

A dimensão **Distância de Poder** refere-se ao nível em que a sociedade mais pobre aceita, tolera e é passiva diante da desigualdade de poder (Hofstede, 2011). Os comerciantes de culturas igualitárias podem ter maneiras diferentes de negociar, mas sempre negociarão (Hofstede *et al.*, 2012, p. 86).

A dimensão **Individualismo** representa o quanto o negociador preconiza ou não pelo relacionamento com a díade e o quanto este é importante para a evolução negocial, além de estar relacionado ao tipo de decisão autónoma ou baseada na posição harmónica de um grupo (Hofstede *et al.*, 2012).

A dimensão **Masculinidade** está relacionada ao grau de competição, ou seja, maior foco no resultado e menos nas pessoas. Ao contrário, temos o negociador mais colaborativo que, muitas vezes, pode estar disposto a beneficiar a contraparte mais do que a si mesmo em prol de "conquistar a confiança e realizar futuras negociações" (Hofstede *et al.*, 2012, p. 88).

Em relação à dimensão **Evitação da incerteza**, ela diz respeito ao elemento emocional e ao nível de insegurança diante dos eventos, o que envolve o conservadorismo ou revolucionário (assume riscos). Os negociadores que "evitam incertezas têm um estilo emocional de negociação, e garante que os oponentes entendam seus sentimentos. Eles não adaptam seu comportamento ao do seu oponente" (Hofstede *et al.*, 2012, p. 87).

Os negociadores da orientação a **Longo Prazo** procuram caminhar em "pequeno passo em que um longo processo e suas decisões serão conduzidas pela estimativa da lucratividade ou outras chances de sucesso desse processo mais longo. Por isso, são dotados de paciência"(p. 88 e p. 89) e menos de flexibilidade (Hofstede *et al.*, 2012). Por outro lado, temos os negociadores do curto prazo que se apoiam em elementos disponíveis no "aqui e agora" (p. 89) e tendem a tomar decisões apoiadas em oportunidades (Hofstede *et al.*, 2012).

O Quadro 15 apresenta o perfil cultural do negociador em cada espectro das dimensões de Hofstede, assim como, exemplo de alguns países.

Quadro 15 – Dimensões culturais de Hofstede

Dimensão Distância de Poder – DDP
Baixo DDP (igualitária): Negociador de cultura igualitária não cederá à pressão se seu status for inferior | Quando possui um status inferior, fica furioso quando a outra parte acentua o facto. Exemplo: USA, Reino Unido e Austrália. **Alto DDP (distância):** Não estão acostumados a negociar com seriedade | Negociadores poderosos ditam as condições e os outros têm que aceitar | Sentem desconforto e até estabelecem o jogo de poder, quando são forçados a negociar com outros de culturas igualitárias | Alto escalão, prefere produtos de alta qualidade e aceitam o risco | Menor escalão, evitam o risco e se protegem e optam por commodities de qualidade baixa. Exemplo: Brasil, Portugal, China, Índia e Alemanha.
Dimensão Individualismo – DI
Baixo DI (coletivismo): A negociação é dependente do relacionamento | Há um esforço para fazer concessões a um parceiro do grupo e manter a harmonia | Pode haver stress caso a harmonia do grupo seja afetada e provocar fúria. Um coletivista aceitará benefícios para seu próprio grupo em vez de sua vantagem pessoal. Exemplo: Brasil, Portugal, China e Índia. **Alto DI (individualismo):** Foco nas próprias relações pessoais e interesses próprios | Não são muito modestos em suas negociações | Não cederão com o propósito de manter a harmonia. Exemplo: USA, Reino Unido, Austrália e Alemanha.

continua

Dimensão Masculinidade DM
Baixo DM (feminilidade): Cooperação | Alto valor para o relacionamento e confiança | Paciente | Esforço para conquistar a satisfação e prover novas negociações no futuro. Exemplo: Brasil e Portugal. **Alto DM (masculinidade):** Competitividade | Orientado para desempenho | Gosta de negociações rápidas | Impaciente | Pragmático | Pouco valor à ética negocial | Baixo valor para o relacionamento. Exemplo: USA, Reino Unido, Austrália, China, Índia e Alemanha.
Dimensão Evitação da Incerteza DEI
Baixo DEI (assume risco): Maior tolerância à incerteza | Estilo negocial relaxado | Esforço para adaptar o comportamento à outra parte | Não demonstram emoções e podem ficar desconcertados se a outra parte o fizer. Interrompe a negociação caso perceba que não há evolução. Exemplo: USA, Reino Unido, Austrália, China e Índia. **Alto DEI (conservador):** Evitam incertezas | Estilo de negociação emocional | Faz questão de que o oponente entenda os seus sentimentos | Não há um esforço para adaptar ao comportamento da outra parte | Querem qualidades e menor risco | Não gostam muito de negociar com estranhos | Tempo é dinheiro | São diretos e impacientes. Exemplo: Brasil, Portugal e Alemanha.
Dimensão para Longo Prazo DLP
Baixo DLP (curto prazo): Pragmáticos | São muito confiáveis quando se trata de seguir padrões de adequação de comportamento. Exemplo: Brasil, Portugal, Reino Unido e Austrália. Alto DLP (longo prazo): Pacientes | Não exigem concessões e não cedem facilmente. Exemplo: USA, China, Índia e Alemanha.

Fonte: Adaptado de Hofstede (2011); Hofstede *et al.* (2012); Hofstede (2021)

Recomenda-se que em cada negociação em que estiver envolvido, procure consultar o site de Hofstede (**https://www.hofstede-insights.com/country-comparison/**) para tentar perceber as diferenças e semelhanças entre o seu país de origem e o país da outra parte. Assim, conseguirá ter uma noção do que irá encontrar, além de providenciar adaptações ao seu plano estratégico com base nas informações contidas nas dimensões.

A negociação é um processo conduzido por pessoas e os seus comportamentos podem influenciar o resultado. Por esta rezão, o autoconhecimento do negociador é uma etapa decisiva para criar harmonia e melhorar a condução das FPN que, por sua vez, requer a construção de um bom planeamento estratégico da negociação.

“Se eu tivesse nove horas para cortar uma árvore, passaria seis horas a afiar o machado.”
Abraham Lincoln

CAPÍTULO 6

O PLANO ESTRATÉGICO DA NEGOCIAÇÃO – PEN

O PEN envolve a criação de cenários negociais que possam melhor preparar o negociador para o momento efetivo. Desta forma, incorpora suposições e informações concretas para a construção do plano. "As suposições são informações obtidas com base em um conhecimento incompleto" (Sparks, 1992, p. 60). É o momento em que o negociador deve "definir e compilar questões, definir o *mix* de opções, interesses, ponto de resistência, alternativas, metas e objetivos de uma parte e o ponto de partida" (p. 104), analisar os *stakeholders*, avaliar a contraparte, preparar a apresentação, definir a agenda (local, dia, hora e quem participa) (Lewicki *et al.*, 2014). No entanto, infelizmente, na vida real, alguns negociadores pulam esta etapa por acharem que possa ser perda de tempo ou por excesso de autoconfiança. Contudo, "a preparação da negociação é uma habilidade, não uma arte. Como tal pode ser aprendida e aceitar essa premissa é o início para se tornar um negociador mais eficiente" (Sparks, 1992, p. 57).

O PEN apoia-se, entre outros alicerces, no modelo de negociação mundialmente usado e validado na escola de negociação de Harvard, composta por seis estruturas (separar pessoas dos problemas, solucionar com base nos interesses, critérios objetivos, gerar opções, desenvolver a Melhor Alternativa Ao Não Acordo – MAANA e estabelecer o compromisso), desenvolvido por Fisher *et al.* (1991). Algumas destas estruturas, como é o caso de "separar pessoas dos problemas", que tem tudo a ver com a parte que compete à inteligência emocional, estão, de alguma maneira, incorporadas ao capítulo "O Negociador", no qual falei sobre autoconhecimento como pilar básico para melhor entender o outro. As demais estruturas serão discorridas a seguir, juntamente com outras variáveis relevantes neste processo.

Para começar, faz-se importante a identificação do nível de dependência que as partes em negociação possuem uma da outra. Isto vai definir o esforço que está a ser investido na negociação.

6.1 NÍVEIS DE DEPENDÊNCIA NA NEGOCIAÇÃO

De acordo com Lewicki e os seus colegas (2014), as partes em negociação podem ser "dependentes, independentes ou interdependentes uns dos outros" (p. 11).

O negociador dependente é aquele que se submete às questões exigidas pela contraparte e espera por sua benevolência e disposição (Lewicki *et al.*, 2014).

Por exemplo, um indivíduo desempregado há quase um ano, pai de família, finalmente consegue uma proposta de trabalho. O seu chefe informa que para ele se manter no trabalho, assim como os demais funcionários da empresa, precisa fazer horas extra sem ganhar nada e aceitar as compensações através do banco de horas (condição em que o indivíduo acumula horas e depois as compensa em dias de folga). O funcionário, pai de família, é dependente e precisa aceitar as condições, mesmo que isso signifique ficar longe da família. Por outro lado, podemos encontrar "agentes dependentes" (p. 125) que procuram "regulamentar" (p. 125), ou melhor, definir as regras para regular o sistema (Harvard 2003). O nível de dependência está presente nas empresas. Por exemplo, há um medicamento essencial e muito procurado por pacientes numa determinada farmácia. A indústria aplica um aumento abusivo no medicamento, mas a farmácia pelo nível de dependência, ver-se obrigação de aceitar as condições para manter o seu negócio e não prejudicar os seus clientes.

Um negociador pode ser independente quando não precisa de se submeter às exigências da contraparte e de vários outros meios para conseguir o que quer. Ele "atua de forma isolada em envolvimento das outras pessoas" (Lewicki *et al.*, 2014, p. 11). Por norma, para existir a negociação, ou seja, fazer com que as partes se sentem a uma mesa negocial para discutir a solução de um problema, terá de haver algum tipo de vínculo, caso contrário, as posturas negociais apresentadas podem ser isentas de esforço para um resultado ganha-ganha. No entanto, um exemplo que posso apresentar para melhor clarificar o significado do negociador independente é o seguinte: Um consultor de empresas, que possui uma carteira de clientes suficientemente sólida, é convidado por um grande grupo empresarial para realizar um projeto. O consultor tem uma postura independente quanto ao aspeto financeiro e à carteira sólida de cliente que possui. E neste caso, normalmente, não cederá às exigências da contraparte. Pelo contrário, pode impor maiores exigências caso enxergue este novo projeto como algo desafiador que pode, de alguma maneira, projetar o perfil do consultor para um patamar mais alto. Portanto, fica evidente que o consultor é independente na variável financeira e na carteira sólida de cliente, mas pode ser dependente na variável "oportunidade de reposicionamento". Caso queira ser visto como um consultor de grandes negócios em virtude do projeto que vai desenvolver no grupo empresarial e futuramente ter menos clientes e cobrar mais caro. Outro exemplo de independência pode ser configurado quando um intermediário, ou melhor, "agente independente" (p. 123) é introduzido na negociação para agregar com a sua *expertise* ou estabelecer distanciamento entre as partes em negociação (Harvard 2003).

Negociador interdependente é justamente ao contrário. As partes estão conectadas pelo objetivo em comum (Lewicki *et al.*, 2014). Em razão disso, são mais flexíveis e fazem esforços para alcançarem juntos os resultados almejados. Por exemplo, duas empresas decidem criar um consórcio em que uma entra com o recurso financeiro para comprar máquinas e a outra entra com o recurso humano especialista em manusear as tais máquinas. Ambas as empresas, desejam atingir o mesmo objetivo que é fazer o consórcio prosperar.

A relação do nível de dependência define o quão poderosos são os negociadores. E, neste aspeto, de acordo com a estratégia de negociação de Harvard, desenvolvida por Roger Fisher e os seus colegas, um modo de "driblar" o poder do outro sobre o negociador é desenvolver o que eles chamam de BATNA (*Best Alternative to a Negotiated Agreement*) ou MAANA (Melhor Alternativa Ao Não Acordo) (Fisher *et al.*, 1991).

Erick, um engenheiro que foi morar fora da sua cidade para trabalhar numa empresa na área da construção civil, alugou um belíssimo apartamento na Zona Sul do Rio de Janeiro. Trabalhava numa conceituada empresa que, em meados de agosto de 2020, foi impactada pela crise económica-saúde provocada pela Covid-19. Erick, que já não conseguia receber os seus prémios e comissões, precisou fazer ajustes à sua nova realidade financeira. Então decidiu renegociar o arrendamento do seu apartamento. E se o proprietário não aceitar a contraproposta? E se o proprietário preferir o apartamento desocupado? Perguntas como estas ajudam o negociador a construir a sua própria MAANA. Portanto, Erick pôde começar a procurar outro apartamento menor e com condições melhores para arrendar, pode encontrar amigos para dividir o apartamento e ainda aumentar o seu ganho, ou seja, desenvolver a sua própria MAANA. A MAANA é, na verdade, o melhor "plano B" do negociador.

6.2 MAPEAMENTO: INFORMAÇÕES, PODER E TEMPO

6.2.1 Informações

Compreendida como variável decisiva para o sucesso de uma negociação, a informação "afeta a nossa avaliação da realidade e as decisões que tomamos" (Cohen, 1980, p. 101). A informação é um pilar básico para qualquer negociação. Não há como negociar de peito aberto sem um devido planeamento e mapeamento das informações que abarcam uma negociação. Esta informação não diz respeito apenas ao contexto negocial, mas também à recolha das informações inerentes à outra parte e aos *stakeholders* que influenciam o contexto.

O negociador deve identificar, também, o local onde será realizada a negociação e ter em mente que, conforme estudos, a "maioria dos negociadores sentem que têm uma vantagem maior na negociação quando o fazem em seu próprio território" (Chu, Ma, e Strong, 2005, p. 126). Além disso, as metas e os objetivos devem ser bem especificados no plano estratégico e apoiado na recolha de informações relevantes (Martinelli *et al.*, 2010).

- **Mapeamento do contexto e as demais questões**

"Esta etapa normalmente começa com uma análise do que deve ser discutido na negociação. Algumas negociações consistem em uma única questão" (Lewicki *et al.*, 2014, p. 105) sobre o contexto. Portanto é no PEN que o negociador deve identificar estas questões negociais. Por exemplo, em uma negociação para a compra de uma máquina, a substância principal pode ser a manutenção, o preço e a assistência. A negociação para a compra de um carro pode ter como questões a cor, o conforto do banco, o ou, apenas, o financiamento.

Por norma, a negociação com mais de uma questão pode requerer um cuidado mais especial e uma postura negocial voltada para o relacionamento a longo prazo, ao contrário da negociação com apenas uma questão, pois pode exigir mais pragmatismo e postura negocial voltado para a transação, mas pode haver exceções (Lewicki *et al.*, 2014). Este mesmo autor, inclusive, sugere que os negociadores sigam os quatro passos para o desenho das questões negociais, são eles: identifique todas as questões, recorra a vivências negociais anteriores para aprender e consulte especialistas. A pesquisa o ajudará a aprender mais sobre as especificidades da negociação como, por exemplo, "leitura instrutiva sobre como comprar uma casa, consulta ao especialista" (Lewicki *et al.*, 2014, p. 106).

Na prática, poucos se preocupam com este tópico. Às vezes, podemos imaginar uma negociação do arrendamento de um imóvel, mas esquecer que existem as demais questões em voga como, por exemplo, a conta de luz, água, gás, vaga na garagem, as regras do condomínio, a fiança ou o depósito. Portanto, quando estamos a falar do contexto da negociação é preciso pensar nas questões que influenciam em trezentos e sessenta graus o contexto da negociação, pois elas subsidiarão a construção dos objetivos e o plano de opções. Estas questões são apresentadas neste próximo ponto.

- **Mapeamento da outra parte e os *stakeholders***

Um lindo carro, com um preço atraente, ofertado na internet, despertou o interesse de Alfredo. O veículo era tudo o que ele procurava. Precisava apenas saber a origem e verificar se as informações eram verdadeiras e seguras. Alfredo, cuidadoso, nunca iria comprar um carro sem antes pesquisar sobre o vendedor. Saber um pouco sobre ele. Se havia alguma reclamação na internet, tentar perceber o perfil dele nas redes sociais, pedir referências de outros carros vendidos, ou seja, todo o conjunto de informações que permitisse deixar Alfredo mais seguro para negociar.

Cristian, um consultor de vendas de uma grande empresa de maquinário hospitalar, estava há um ano negociando a venda de uma máquina de ressonância magnética de última geração. Infelizmente ou felizmente, quando Cristian estava prestes a entrar na fase das concessões para fechar o negócio, foi surpreendido por uma notícia devastadora. A analítica e cautelosa diretora do hospital, responsável pela negociação, havia sido demitida. Cristian ficou sem chão, afinal, estava prestes a "deitar no lixo" trezentos e sessenta e cinco dias de esforços nesta negociação. Na semana seguinte, foi informado que um novo diretor assumira o cargo. Imediatamente, Cristian procurou saber mais sobre ele, então perguntou aos funcionários do hospital, pesquisou nas redes sociais e nos sites de pesquisa e conversou com outros colegas de trabalho. Como resultado da sua pesquisa, descobriu que Paul (o novo diretor) aparentemente tinha um perfil comportamental dominante (falei sobre os perfis DISC na sessão anterior), ou seja, mais pragmático na tomada de decisão, menos conservador, mais destemido e sem medo de assumir riscos. Naturalmente, estas informações projetaram na cabeça de Cristian uma possível negociação bem-sucedida e rápida desta vez.

Estes dois exemplos são valiosos para destacar a importância da recolha de informações, na medida do possível, sobre a outra parte. Muitas vezes, estas informações podem corroborar para uma negociação satisfatória para ambas as partes e até, quem sabe, iniciar um relacionamento a longo prazo. Afinal, "avaliar as informações sobre o outro lado é de vital importância para que o negociador possa definir, de maneira segura, a linha e os procedimentos a serem adotados durante a negociação" (Martinelli, Nielsen, e Martins, 2010, p. 142). Portanto, busque recolher informações sobre a família, equipa de futebol, viagens, se tem algum hábito, se gosta de desporto, experiência profissional, tempo de trabalho na empresa atual, reputação, entre outras informações relevantes que possam contribuir para que o negociador consiga planear uma apresentação negocial compatível com a linguagem da outra parte, adaptada ao seu perfil comportamental e a ser mais assertivo nas colocações das soluções acerca do problema, contexto ou substância negocial.

Outro ponto fundamental é mapear todos os influenciadores de uma negociação. Como vimos no capítulo anterior, quando falei de inteligência cultural por Hofstede, há determinados países que possuem uma cultura negocial com decisão coletiva, enquanto há outros que contêm apenas um ator (decisão monocrática ou individual). Neste primeiro, o negociador precisa identificar quem são e que papel exerce cada um dos *stakeholders* envolvidos na negociação, ou seja, os influenciadores que podem impactar no processo de decisão. Por exemplo, no livro *Administração de Marketing*, Kotler e Keller (2006) apresentam o que chamam de "papéis no processo de compra" (p. 214), correspondentes à função que cada membro do grupo de decisão coletiva possui. No Quadro 16, decidi dar o nome de *stakeholders* na negociação, em virtude de encontrar nas negociações coletivas atores com estes respetivos papéis.

Quadro 16 – *Stakeholders* da negociação

PAPEL	FUNÇÃO
Iniciadores	Aqueles que solicitam a compra de um produto. Podem ser os utilizadores do produto ou outros membros da empresa.
Usuários	Aqueles que utilizarão o produto ou serviço. Em muitos casos, os usuários iniciam a proposta de compra e ajudam a definir as exigências que podem ser atendidas pelo produto.
Influencia-dores	Pessoas que influenciam a decisão de compra. Muitas vezes ajudam a definir especificações e ainda fornecem informações sobre outras alternativas disponíveis. Neste sentido, a equipa técnica é uma fonte particularmente importante.
Decisores	Pessoas que decidem as exigências que devem ser atendidas pelo produto ou serviço.
Aprovadores	Pessoas responsáveis pela autorização das ações propostas por decisores ou compradores.
Compradores	Pessoas com autoridade formal para selecionar o fornecedor e estabelecer os termos de compra. Os compradores podem ajudar na formulação das especificações do produto, mas sua maior responsabilidade está na seleção de vendedores e nas negociações. Em vendas mais complexas, membros da alta gerência podem estar entre os compradores.
Filtros internos	Pessoas com poder de evitar que vendedores ou informações cheguem até os membros do centro de compras. Por exemplo, compradores, rececionistas e telefonistas podem impedir que vendedores entrem em contato com utilizadores ou decisores.

Fonte: Kotler e Keller (2006, p. 214)

As negociações coletivas exigem um esforço profundo do negociador para o alcance da satisfação mútua e muito equilíbrio emocional. Este esforço é ainda mais potencializado quando há uma negociação com um grande número de *stakeholders,* o que torna ainda mais complexa a conquista de um resultado positivo para todos. Sobretudo, pelo facto de o "problema estar relacionado com informações incompletas (o que cada pessoa quer, como esses desejos se relacionam e o que é realmente possível realizar) e a alocação dos recursos (quem paga e quando deve ser solucionado)" (Ross *et al.*, 2010, p. 1). Neste caso, há duas estratégias para contornar a falta de domínio das informações inerentes. Contudo, ambas possuem vantagens e desvantagens (Ross *et al.*, 2010, p. 2) as quais, na prática, serão reveladas na particularidade de cada caso a ser negociado:

- Identificar os principais *stakeholders* e reunir com todos eles para analisar as preferências a fim de conduzir às decisões para a solução do conjunto;
- Identificar todos os *stakeholders*, reunir-se individualmente para identificar as preferências possivelmente heterogéneas e, ao final, esforçar-se para conectar as preferências de maneira homogénea.

A prática nos mostra que nem sempre é possível identificar os demais atores envolvidos numa negociação. Como vimos, algumas empresas podem ter um forte "filtro interno" capaz de impedir todas as investidas do negociador no momento em que está a mapear as informações. Por norma, conforme nos mostra a experiência, as negociações que envolvem um significativo problema a ser solucionado por vontade das partes acaba por ter o contributo de ambos os lados, ou seja, o negociador A consegue as informações necessárias pela disposição do negociador B em fornecê-las. Contudo, a prática mostra também que quando o assunto envolve um grau de concorrência em que há duas ou mais empresas a oferecerem a solução para o negociador B, este último, tende a aumentar o "filtro interno".

6.2.2 – Poder

O poder é "a capacidade de fazer com que as coisas sejam realizadas... de exercer o controlo sobre as pessoas, os acontecimentos, as situações e sobre si próprio. Como tal, ele não é bom ou mau, moral nem imoral, ético nem antiético. Ele é neutro" (Cohen 1980, p. 51).

A negociação de qualquer natureza tem algum tipo de relação de poder (Martinelli *et al.*, 2010). Contudo, a exibição do poder em uma negociação acontece quando uma das partes almeja demonstrar superioridade posicional ao invés da meritocracia. Essa superioridade está presente quando há uma manifestação negocial egoísta em que o objetivo final é conseguir o que quer independentemente do que o outro deseja, quando uma das partes usa o poder para "influenciar o outro a fazer algo que não faria... O resultado típico do uso do poder é a favor da parte que o exerce" (Sparks, 1992, p. 126). Porém, independentemente disto, um indivíduo que se esforça nas negociações para atender os interesses da outra parte "deve analisar as relações de poder, desenvolver o seu poder e compreender os limites que a relação de poder impõe ao processo" (p. 85), caso contrário ele pode experimentar a ação destrutiva do uso do poder (Mayer, 1987).

Relativamente ao desenvolvimento do seu poder, "fortes evidências científicas sugerem que as habilidades negociais podem ser aprendidas e ensinadas" (Fisher, 1983, p. 153). E para ajudar o negociador neste processo, é preciso compreender quais as categorias de poder que podem ser encontradas em uma negociação. Para Mayer (1987), é possível encontrar dez categorias de poder em uma negociação (p. 78):

> Poder da Autoridade formal (e.g. poder de um juiz, autoridade eleita, CEO, pais ou diretor de escola), Poder do Especialista / poder de informação (experiência ou informações sobre um assunto específico), Poder associativo (pessoas que se associam a outras com poder), Poder de recursos (dinheiro, materiais, trabalho ou outros bens ou serviços), Poder processual (O controlo sobre os procedimentos pelos quais as decisões são tomadas. E.g.: regras, leis, etc…), Poder de sanção (infligir danos ou intervir na capacidade de uma parte

> de realizar seus interesses), Poder incómodo (causar desconforto), Poder habitual (status), Poder moral (O poder que vem de um apelo a valores amplamente aceitos), Poder pessoal (e.g. autoconfiança, a habilidade de articular os próprios pensamentos e compreender a própria situação, a determinação e resistência e assim por diante).

Com o objetivo de simplificar a discussão sobre a relação de poder e facilitar o desenvolvimento do leitor, optei por usar as categorias de poder argumentadas por Roger Fisher (1983), expostas no Quadro 17, por apresentar uma linguagem de mais fácil compreensão.

Quadro 17 – Fontes de Poder na Negociação

FONTE	DEFINIÇÃO
Poder da habilidade e conhecimento	Habilidades comportamentais (e.g. adaptar o comportamento à linguagem não verbal do outro), emocionais (e.g. consciência das emoções e sensível ao sentimento dos outros, ter empatia) e habilidades técnicas (e.g. análise, lógica, organização de ideias e questões quantitativas). Conhecimento: da outra parte, dos factos e dos interesses.
Poder do bom relacionamento: A confiança e a comunicação	Confiança: Usar da franqueza, honestidade, integridade e compromisso com qualquer promessa que fizer. Comunicação: Para persuadir alguém a mudar a mente é preciso sabe onde a mente está. Evite a compreensão distorcida da mensagem, procure ajustar as palavras de maneira que a outra parte compreenda exatamente o que está a transmitir, ou seja, use a comunicação assertiva e a escuta ativa. Apesar de Roger Fisher não mencionar, optei por destacar o poder do *network*, ou seja, as situações em que um indivíduo é poderoso por ser muito bem-relacionado com outros poderosos.
Poder da boa alternativa negocial	Fisher faz referência a MAANA – Melhor Alternativa Ao Não Acordo. Que, neste caso, significa não ser muito dependente da negociação corrente e sim ter em mãos um "plano B" que permita alcançar um resultado igual ou melhor como outra alternativa.
Poder da legitimidade	Conforme está na lei, de acordo com o procedimento e precedentes, conforme a prática, em razão de ser justo e legítimo.

continua

FONTE	DEFINIÇÃO
Poder do compro-misso: Afirmativo e negativo	Afirmativo: uma oferta com a qual estou disposto a concordar. Uma oferta que, na falta de acordo, estou disposto a fazer sob certas condições. Negativo: um compromisso que não estou disposto a assumir (mesmo pensando que seria melhor para mim que nenhum acordo); ou um compromisso ou ameaça de que, na falta de acordo, vou envolver-me em determinada conduta negativa (mesmo que isso fosse pior para mim do que uma simples ausência de acordo. E.g. "é pegar ou largar")
Poder do compro-misso: Afirmativo e negativo	Afirmativo: uma oferta com a qual estou disposto a concordar. Uma oferta que, na falta de acordo, estou disposto a fazer sob certas condições. Negativo: um compromisso que não estou disposto a assumir (mesmo pensando que seria melhor para mim que nenhum acordo); ou um compromisso ou ameaça de que, na falta de acordo, vou envolver-me em determinada conduta negativa (mesmo que isso fosse pior para mim do que uma simples ausência de acordo. E.g. "é pegar ou largar")

Fonte: Adaptado de Fisher (1983, p. 153 –166)

A prática nos mostra o quão difícil é equilibrar esta relação de poder na negociação. Como proceder quando a outra parte possui um poder de autoridade? Esta questão foi abordada por um aluno num seminário que ministrei em São Paulo. É importante estar bem-informado, preparado e desenvolver o seu poder pessoal que significa, como no Quadro 17, potencializar as habilidades comportamentais, emocionais e técnicas. Portanto, o "poder" é mais um item importante neste livro, como os diversos itens que já abordei, nomeadamente o autoconhecimento, o conhecimento do ambiente e o conhecimento do outro. E, neste último, além das informações inerentes ao ambiente da outra parte, diz respeito também aos fatores comportamentais e culturais. Afinal, como falar a língua do outro se não soubermos quem o outro é? Como vamos driblar a autoridade legítima do outro, como, por exemplo, um diretor nacional, se não estivermos bem-preparados, bem-informados para transmitir credibilidade? Estas e inúmeras outras dúvidas podem surgir à medida que vivenciamos uma negociação. No entanto, há conselhos que são compartilhados por Watkins (2002), exposto por Lewicki *et al.* (2014), e que podem ser úteis para nos ajudar a lidar com o poder da outra parte.

1) Horizontalize as negociações:

Na relação de compra e venda, um grande cliente tende a monopolizar o foco da empresa fornecedora, tende a exigir muito mais dela, tende a transformá-la em fornecedor submisso. Portanto, a alternativa para não ser tão dependente e não ter que se submeter a tais exigências é pulverizar a venda para um maior número possível de clientes.

2) Promova relacionamentos poderosos:

Este conselho é uma alternativa às situações em que o negociador está diante da outra parte com poder de autoridade ou tamanho (porte). Exemplo: Para negociar diretamente com um laboratório farmacêutico, uma farmácia precisa apresentar um pedido significativo, composto por um grande volume de unidades a serem adquiridas, caso contrário, não consegue alcançar os melhores preços e se tornar competitiva diante da sua concorrência. Assim, surge a estratégia "Associativismo" no ramo das farmácias no Brasil. Um grande grupo de pequenas farmácias reúnem-se para que juntas possam fazer os pedidos diretos com indústria farmacêutica e ter acesso aos melhores preços. Este é um exemplo de contornar o poder dos grandes.

3) Desenvolva o senso de investigador:

Na série *Suit*, exibida pela Netflix, Harvey Specter, um poderoso advogado de Manhattan, fica impressionado quando o jovem Mike Ross demonstra ter um profundo conhecimento sobre o código civil, e então decide convidá-lo para ser sócio do escritório de advocacia. No entanto, havia um pequeno grande problema, Mike não havia terminado a faculdade de direito. Contudo, uma alternativa para encarar o poder da outra parte é "buscar informações que fortaleçam a sua posição na negociação e o ajudem a defender a sua tese" (Lewicki *et al*,. 2014, p. ,180).

4) Seja o gestor:

Toda negociação decorre em fases e possui especificidades que podem envolver: tópicos a serem discutidos, a velocidade e o prazo das decisões, entre outros aspetos. Então, com base no estudo de Watkins (2002), exposto por Lewicki *et al*. (2014), quem possui o controlo do processo da negociação tem mais poder. Por isso, é recomendável que o negociador com baixo poder se esforce para exercer o controlo do processo e aumentar o seu poder na negociação.

Por fim, nunca vá para uma negociação de qualquer natureza sem realizar o devido planeamento, sem fazer todos os mapeamentos possíveis e sem estar devidamente preparado.

"O tempo passa no mesmo ritmo para todos, não importa o que se faça. Uma vez que não se pode controlar o relógio, deve-se examinar como a passagem do tempo afeta o processo de negociação."
Martinelli et al. (2010, p. 93).

6.2.3 - Tempo

No livro *Você pode negociar qualquer coisa*, Herb Cohen (1980) conta a sua experiência como negociador internacional. Ele precisou ir a Tóquio negociar com um grupo de japoneses. Assim que chegou, Cohen foi muito bem-recebido pelos anfitriões que ofereceram até uma limusine para buscá-lo. "Reclinei-me confortavelmente no banco de veludo e eles sentaram-se rígidos em dois tamboretes dobráveis. Cohen disse: 'Por que os senhores não vêm para cá?' Eles responderam: 'Oh, não, o senhor é uma pessoa importante e precisa descansar.'" (Cohen, 1980, p. 95). Conta Cohen que, neste momento, não fazia ideia do objetivo principal dos japoneses que já haviam percebido a deficiência de Cohen em falar a língua local e ofereceram-se para ajudá-lo no retorno ao aeroporto. Os japoneses ofereceram a limusine para atendê-lo no dia e horário de retorno, e perguntaram: "O senhor está preocupado em pegar o seu avião de volta na hora marcada? Podemos colocar esta limusine à sua disposição para levá-lo ao aeroporto". "'Que gentileza.' Tirei do bolso a passagem de volta e entreguei a eles", disse Cohen.

No tópico "poder", discorri sobre alguns conselhos de como lidar com o poder da outra parte. Um destes conselhos é justamente não deixar a outra parte ter o controlo do processo da negociação e isso inclui não expor o seu próprio limite de tempo, caso contrário, irá permitir que a outra parte tenha mais poder. Foi exatamente isso que ocorreu na negociação que Cohen realizou com os japoneses. Estes procuraram postergar o máximo possível o dia final das negociações. Esta é uma estratégia de estreitamento do tempo do outro com o objetivo principal de conseguir maiores concessões.

Quando trabalhava no ramo farmacêutico, era normal as farmácias deixarem os grandes pedidos de medicamentos genéricos para o final do mês, com o objetivo de conseguir os melhores preços. Afinal, "em qualquer negociação é de se esperar que concessões mais importantes e qualquer acordo ocorram na última hora" (Cohen, 1980, p. 93), por isso, alguns negociadores fazem uso do estreitamento do tempo para alcançar mais concessões (Carnevale, 2019). Por outro lado, negociadores que são pressionados quanto à questão do tempo, dão mais concessões em prol de manter o acordo (De Dreu, 2003).

Um estudo publicado na revista académica *Organizational Behavior e Human Decision Processes* comprovou que "a pressão do tempo pode prejudicar o sucesso porque reduz a nossa motivação para processar informações de maneira sistemática e deliberada" (p. 293). Além disso comprovou também que os negociadores "usam os estereótipos sobre o oponente" (p. 280) para identificar a perceção da outra parte quanto à questão tempo (De Dreu, 2003). Estas conclusões enfatizam ainda mais o quão importante é conhecermos o nosso perfil comportamental para, neste caso, percebermos como nós lidamos com a pressão do tempo, assim como, conseguirmos identificar o perfil do outro e entender como este se posiciona nesta variável. Estas questões ajudam na evolução das FPN.

Como vimos, a variável tempo é tão poderosa numa negociação, que só ela é capaz de influenciar os estados emocionais da outra parte (Carnevale, 2019). Para isso, este autor sugere algumas estratégias (Quadro 18) para usar o tempo a seu favor na negociação (p. 109 – 110):

Quadro 18 – Estratégias para usar o Tempo

Impor um prazo, diminuir o tempo	O autor argumenta que esta estratégia tem como objetivo aumentar a ansiedade da outra parte em fechar logo o acordo. E.g.: Oferta disponível até o final do dia.
Custo do tempo	A minha experiência mostra que existem outras maneiras mais sutis de provocar este efeito na outra parte, como, por exemplo, fazer recapitulações da negociação, de maneira que fique evidente que todos os esforços já foram feitos e agora é a hora de fechar. Este assunto será mais discutido em táticas de fecho.
Otimização	Carnevale (2019) argumenta que esta estratégia que salienta para a outra parte o quanto pode ser caro dilatar o tempo do fecho do acordo e dá como exemplo o caso das greves trabalhistas nas grandes indústrias.
Tempo como oportunidade	Algumas negociações podem ter um nível de complexidade alto em virtude do volume de questões a serem solucionadas que são exigidas pela natureza do conteúdo negocial. Então, o que o autor propõe aqui é que o fecho do negócio seja realizado a considerar a questão mais importante, sendo as demais, solucionadas ao longo do pós-fecho. “Talvez o aspeto mais valioso do tempo na negociação seja que ele pode ser usado para produzir acordos criativos, ganha-ganha, mutuamente benéficos” (Carnevale, 2019).

continua

Poder da legitimidade	Sabe aquelas situações em que o negociador não consegue ter 100% de certeza sobre o acordo e acredita que seria melhor aguardar uma oportunidade mais favorável? Então, esta estratégia é justamente "ganhar tempo", esperar a melhor oportunidade, obter informações e se preparar melhor. Acontece muito em negociações de grande porte, mudança de fornecedor estratégico para o core business da empresa. Para explicar melhor, Carnevale (2019) faz referência aos deuses gregos Kairos e Chronos. O primeiro identifica o "momento certo, crítico ou oportuno", enquanto o segundo é cíclico e obedece a uma sequência.
Poder do compromisso: Afirmativo e negativo	Afirmativo: uma oferta com a qual estou disposto a concordar. Uma oferta que, na falta de acordo, estou disposto a fazer sob certas condições. Negativo: um compromisso que não estou disposto a assumir (mesmo pensando que seria melhor para mim que nenhum acordo); ou um compromisso ou ameaça de que, na falta de acordo, vou envolver-me em determinada conduta negativa (mesmo que isso fosse pior para mim do que uma simples ausência de acordo. E.g. "é pegar ou largar")
Poder da legitimidade	Sabe aquelas situações em que o negociador não consegue ter 100% de certeza sobre o acordo e acredita que seria melhor aguardar uma oportunidade mais favorável? Então, esta estratégia é justamente "ganhar tempo", esperar a melhor oportunidade, obter informações e se preparar melhor. Acontece muito em negociações de grande porte, mudança de fornecedor estratégico para o core business da empresa. Para explicar melhor, Carnevale (2019) faz referência aos deuses gregos Kairos e Chronos. O primeiro identifica o "momento certo, crítico ou oportuno", enquanto o segundo é cíclico e obedece a uma sequência.

continua

Poder do compromisso: Afirmativo e negativo	Afirmativo: uma oferta com a qual estou disposto a concordar. Uma oferta que, na falta de acordo, estou disposto a fazer sob certas condições. Negativo: um compromisso que não estou disposto a assumir (mesmo pensando que seria melhor para mim que nenhum acordo); ou um compromisso ou ameaça de que, na falta de acordo, vou envolver-me em determinada conduta negativa (mesmo que isso fosse pior para mim do que uma simples ausência de acordo. E.g. "é pegar ou largar")

Fonte: Adaptado de Carnevale (2019)

6.3 PROPOSTA DE VALOR NA NEGOCIAÇÃO. CRIAR OPÇÕES

Roger Fisher (1983), que junto com os seus colegas, escreveu o famoso livro *Como chegar ao sim: Como negociar acordos sem fazer concessões*, no qual defende a importância em criar opções na fase do planeamento para a projeção de um resultado mutuamente benéfico. Infelizmente, a experiência nos mostra que há negociadores que nem se dão conta do quão vulneráveis podem ficar caso negociem sem elencar as opções que podem realmente propor valor. O leitor não precisa ser nenhum executivo de uma grande empresa para perceber que deve examinar todas as possibilidades, as quais possam satisfazer ambas as partes, numa negociação.

Técnicas para gerar opções e criar valor:

No início deste capítulo, abordamos a variável "informação", quando discutimos sobre as questões que envolvem o contexto negocial. Comentei inclusive que as questões elencadas poderiam corroborar na criação das opções. Para entender melhor a integração, vou hierarquizar o sistema da seguinte forma: 1° O problema a ser solucionado ou substância negocial; 2° Todas as questões que envolvem este problema; e 3° As opções que podem transformar a solução do problema em objeto de satisfação mútua, ou seja, criar valor. Deste modo, fica claro que é preciso tentar perceber qual é o terreno que se está a pisar e obter o máximo de informações possíveis para apresentar uma proposta de valor reconhecidamente relevante para a outra parte. Através da criação de opções, o negociador consegue maximizar a oportunidade e obter sucesso (Fisher, 1983), mas isso exige uma estratégia cuidadosamente estruturada. Essa estratégia é composta por etapas adaptadas de Roger Fisher (1983, p. 33 – 34):

- **Preparação do *brainstorm*:** a) determine o objetivo; b) estabeleça a equipa que contribuirá no *brainstorm* e defina posições como o criador e decisor das opções; c) use um local neutro para inspirar pessoas no *brainstorm*. "Quanto mais diferente uma sessão de *brainstorm* parecer de uma reunião normal, mais fácil será para os participantes suspenderem o julgamento" (p. 34).

- ***Brainstorm*:** "Uma sessão de *brainstorming* libera as pessoas para pensar criativamente. Uma vez libertadas, elas precisam de maneiras de pensar sobre seus problemas e de gerar soluções construtivas" (Fisher, 1983, p. 35): a) Estabeleças as diretrizes; b) Estimule a liberdade nas criações; c) "Sente-se fisicamente lado a lado, pois o físico reforça o psicológico e reforça a atitude mental de lidar com o problema juntos" (p. 34).

- **Decisão das opções:** a) Selecione as melhores opções; b) Incremente melhorias e defina.

- **As barreiras na criação das opções:** Ao contrário de Fisher (1983), Guthrie (2003) apresenta pesquisas que deixam evidente o lado negro da criação de valor e afirma que se a proposta de valor, com base nas opções, é executada de maneira monocrática, a verdadeira oferta de satisfação mútua fica instável (Guthrie, 2003). Além disso, quanto mais opções forem ofertadas, "mais opções terão para escolher na mesa de negociação" (Guthrie, 2003, p. 604). "Em suma, gerar opções pode não ser a panaceia que seus proponentes imaginam, mas sim uma caixa de Pandora que pode desencaminhar os negociadores" (Guthrie, 2003, p. 605). Este investigador realizou vários experimentos com alunos de direito e constatou o "lado sombra" da criação de opções para as negociações no âmbito da dvocacia e sinaliza alguns cuidados:

Quadro 19 – Cuidados na criação de opções

CUIDADO	SIGNIFICADO
Julgamento Prematuro	O julgamento atrapalha a imaginação. Sob a pressão de uma negociação futura, seu senso crítico provavelmente ficará mais aguçado (Fisher *et al.*, 1991).
Procura pela única resposta	Como o produto final da negociação é uma decisão única, eles temem que o leque de opções prolongue esta decisão, o que pode acentuar outro grande obstáculo que é o fecho prematuro (Fisher *et al.*, 1991).
A suposição de uma torta fixa	A razão de haver tão poucas opções boas na mesa é que cada lado vê a situação diante do seu próprio prisma e apresenta inflexibilidade (Fisher *et al.*, 1991).
Pensando que "resolver seu problema é o problema deles"	Para que um negociador chegue a um acordo que atenda aos seus próprios interesses, ele precisa desenvolver uma solução que também apele ao interesse próprio do outro. (Fisher *et al.*, 1991)
Desvalorização	Um estudo comprovou que quando há comparação entre pontos favoráveis e não favoráveis, o indivíduo em negociação parece ficar mais ancorado nos pontos desfavoráveis (Guthrie, 2003). **Conselho:** Evite estimular as comparações para não projetar desvalorização da solução.

continua

CUIDADO	SIGNIFICADO
Contraste e compromisso	Quando uma solução espetacular é apresentada juntamente com uma solução inferior, o indivíduo em negociação automaticamente se direciona para a solução espetacular. No entanto, quando uma terceira opção entra neste jogo, o negociador tende a escolher a que apresenta uma solução intermediária (Guthrie, 2003). **Conselho:** Evite apresentar opções que provoquem um efeito contraste. É perda de tempo.
Tomada de decisão não compensatória	Este efeito reflete o quão prejudicial pode ser a apresentação de um grande número de opções para a tomada de decisão, pois o negociador pode "fazer escolhas que não refletem as suas verdadeiras preferências" (p. 634) e, com isso, podem sentir-se arrependidos (Guthrie, 2003). **Conselho:** Não apresente uma vasta quantidade de opções de uma só vez na mesa de negociação.

Fonte: Cuidados e significado foram adaptados da investigação de Guthrie (2003, p. 612 – 636) e Fisher *et al.* (1991, p. 32). Os conselhos são nossos com base nestes autores.

6.4 MATRIZ DE CONCESSÃO E A ZOPA

O autor do livro *A Dinâmica da Negociação Efetiva*, Sparks (1992), sugere a construção de uma matriz de concessões para as negociações monetárias, pois acredita "que é a melhor maneira de demonstrar qual variável está sujeita ao controlo e qual não está" (p. 72). Contudo, a construção de uma matriz de concessão requer a identificação dos limites das partes em negociação, mas, para isso, é importante ter ciência de que "o limite do oponente, determinado pelo negociador, é produto de suposição" (Sparks, 1992, p. 77) e, consequentemente, é necessário fazer uso do "E, se?" (Cohen, 1980, p. 34) para a criação de possíveis cenários.

Imagine-se que deseja comprar um carro e tem disponibilidade para pagar no máximo €4.750 por um usado, mas ficaria muito feliz se conseguisse negociar por menos e pensa que será possível negociar por uns €4.300. Em paralelo e sem o seu conhecimento, há um vendedor que tem um carro exatamente igual ao que deseja adquirir e pensa em vendê-lo ao preço mínimo de €4.200, mas acredita conseguir uns €4.700. Agora, com base no "E, se?", constrói a sua matriz de concessão para tentar supor qual será o ponto do acordo, a considerar também os valores da outra parte como car de pura suposição ou até mesmo com base em pesquisas.

Para entender melhor o sentido da matriz de concessão e o ponto do acordo, vou acompanhar o diálogo deste comprador e vendedor, que apesar de estarem na fase da preparação da negociação, podemos supor que as coisas ocorram assim para melhor adaptarmos o nosso planeamento negocial:

COMPRADOR: "Ofereço €4.300 pelo seu carro."

VENDEDOR: "Agradeço, mas acredito que pelo facto de o carro estar com os pneus novos e não ter muitos quilómetros acumulados possa valer um pouco mais. Eu gostaria de vendê-lo por €4.700."

COMPRADOR "Entendo, mas a minha contraproposta é €4.450?"

VENDEDOR "Fecho agora por €4.500"

COMPRADOR: "Fechado!"

Como pudemos ver, o diálogo exemplificou o ponto do acordo exposto. O ponto do acordo por Lewicki *et al.* (2014) é também nomeado pela literatura como ZOPA – Zona de Possível Acordo, que "é a área em que pode ocorrer um negócio que satisfaça ambas as partes… e existe (se existe) na sobreposição entre esses limites máximo e mínimo, ou seja, entre os preços de reserva das partes" (Harvard, 2003, p. 24).

Figura 4 – Matriz de Concessão e a ZOPA

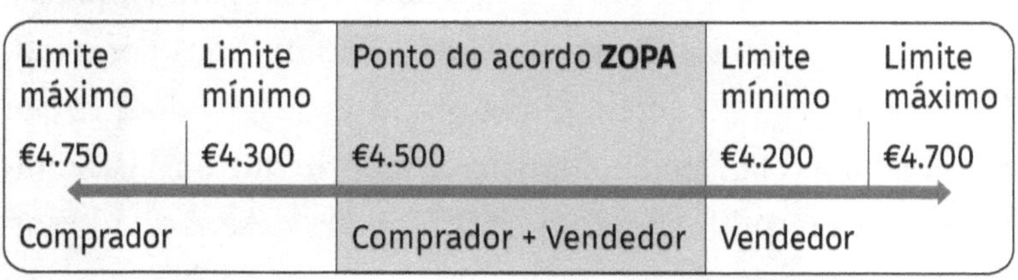

Fonte: Elaboração própria

Como vimos, a Figura 4 deixa evidente que as partes fechariam um acordo na faixa dos €4.500, que representa a ZOPA. No entanto, pense em uma inversão de valores em que o comprador pagaria no máximo €4.200 e o vendedor venderia no máximo por €4.750, neste caso, "não haveria sobreposição de faixas nas quais as duas partes pudessem chegar a um acordo – não haveria ZOPA" (Harvard, 2003, p. 25).

6.5 CRITÉRIOS OBJETIVOS

Negociar apoiado em critérios objetivos é negociar sustentado em princípios, e são estes princípios que, muitas vezes, permitem que as negociações resultem em satisfação mútua, pois evita surpresas e "é menos vulnerável a ataques" (Fisher *et al.*, 1991, p. 43). Para entender melhor o que significa negociar com critérios objetivos, vou mencionar um caso que ocorreu entre a Índia e os Estados Unidos, exposto por Fisher *et al.* (1991, p. 44).

Um episódio durante a Conferência do Direito do Mar. A certa altura, a Índia propôs uma taxa inicial para empresas de mineração no fundo do mar de US$60 milhões por local. Os Estados Unidos rejeitaram a proposta sugerindo que não havia taxa inicial. Então, alguém descobriu que o Massachusetts Institute of Technology (MIT) havia desenvolvido um modelo para a economia da mineração no fundo do mar. Esse modelo, gradativamente aceito pelas partes, proporcionou uma forma de avaliar o impacto de qualquer proposta de tarifação na economia da mineração. Por outro lado, o modelo do MIT ajudou a educar os representantes americanos, cujas informações sobre o assunto se limitaram em grande parte às fornecidas pelas mineradoras. O modelo indicou que alguma taxa inicial era economicamente viável. Como resultado, os Estados Unidos também mudaram de posição. Ninguém recuou; ninguém parecia fraco – apenas razoável. Após uma longa negociação, as partes chegaram a um acordo provisório que foi mutuamente satisfatório. O modelo MIT aumentou a oportunidade de concordância e diminuiu posturas caras. Isso levou a uma solução melhor que atrairia empresas para fazer mineração e geraria uma receita considerável para as nações do mundo.

O exemplo exposto deixou claro que o critério objetivo, neste exemplo, sustentado em um modelo em que as partes confiam (modelo MIT) serviu de argumento extremamente persuasivo a ponto de conseguir mudar a posição das partes, unificar os objetivos negociais e alcançar a satisfação mútua. Este tipo de estratégia fortalece os relacionamentos entre os negociadores e torna mais provável que um acordo perdure" (Fisher *et al.*, 1991, p. 44). E, claro, fica evidente que negociar com critérios objetivos exige que ambas as partes tenham um nível de interdependência, caso contrário, não faz sentido os esforços para usar meios que legitimam o preço e/ou as demais condições negociais. Portanto, se a negociação requer um cuidado, há interdependência e a necessidade de prover o relacionamento a longo prazo, não sendo apenas uma mera transação. Os critérios objetivos são extremamente necessários. Inclusive Fisher *et al.* (1991) argumenta ainda que "quanto mais padrões de justiça, eficiência ou mérito científico para lidar com seu problema específico, mais provável é que produzas um pacote final que seja sábio e justo" (p. 43).

Alguns exemplos de Critérios Objetivos:

- Ao ser contratado para trabalhar em uma empresa, naturalmente participará de um programa de integração para que conheça como funcionam os processos e procedimentos, a cultura, os gabinetes, entre outros fatores.
- Ao começar a sua licenciatura, mestrado ou doutoramento, será informado sobre o regulamento pedagógico e a importância em dar uma vista de olhos para não ter dúvidas sobre os procedimentos académicos.
- Ao arrendar um imóvel, naturalmente assinará um contrato contendo cláusulas sobre os atrasos, integridade do imóvel, ações de melhoria, valor do arrendamento, etc.
- Ao disponibilizar o seu carro para a venda, certamente, fará uma pesquisa no preço do mercado, consultará algum regulamento que informe o preço padrão.

- Ao vender algum serviço ou produto, será necessário informar o comprador do tempo de entrega, cronograma do serviço, procedimento da entrega e, até mesmo, como proceder caso ocorra divergências entre o que foi prometido e firmado através dos critérios objetivos e o que foi realmente praticado.

Como foi possível notar, há inúmeros exemplos do que pode ser o critério objetivo, ou seja, padrões que guiam ou regulam as negociações: cláusulas contratuais, processos e procedimentos, política e cultura empresarial, o que é de praxe na sociedade, regulamentos, leis, fundamentação científica, fundamentação com base na experiência e na prática do sector.

Como desenvolver Critérios Objetivos:

"Um dos aspetos importantes na negociação é a apresentação de uma posição com clareza, apoiada em factos e argumentos" (Lewicki *et al.*, 2014, p. 116).

Quadro 20 – Questões e Recomendações para os Critérios Objetivos

QUESTÕES	RECOMENDAÇÕES
Quais são os factos que dão suporte ao meu ponto de vista?	Enquadre cada questão como uma busca conjunta por critérios objetivos.
Com posso validar essas informações como confiáveis?	Justifique e esteja aberto à razão de quanto e quais os padrões mais apropriados e como devem ser aplicados.
A quem devo consultar para obter ajuda na elaboração ou no esclarecimento de factos?	Nunca ceda à pressão, apenas ao princípio.
Quais os registos, arquivos ou fontes de dados que dão suporte aos meus argumentos?	Concentre-se em critérios objetivos com firmeza, mas com flexibilidade.
É possível recorrer a especialistas em apoio a eles?	

Fonte: Lewicki *et al.* (2014, p. 116); Fisher *et al.* (1991, p. 46)

Realmente, nem sempre é possível sustentar a negociação com todos os critérios objetivos possíveis, em decorrência da extensão das questões que podem envolver uma negociação (Lewicki *et al.*, 2014). De qualquer forma, há algumas questões e recomendações, expostas no Quadro 20, que corroboram na construção dos critérios objetivos para uma negociação duplamente benéfica, com resultado ganha-ganha.

A burocracia (critérios objetivos) "é capaz de estabelecer relações de controlo, seja por vias objetivas ou pelo domínio intersubjetivo" (Faria e Meneghetti, 2011, p. 438). No entanto, Fisher *et al.* (1991) acentuam que o negociador deve procurar o equilíbrio entre o bom senso e os critérios objetivos de uma negociação (ver frase em negrito no Quadro 20). Em outras palavras, a burocracia tem seu mérito, mas é preciso saber como e quando usar a flexibilidade. E, neste aspeto, Gittell e Douglass (2012), defendem o que chamam de "burocracia relacional" (p. 729), uma espécie de integração entre a burocracia e a flexibilidade, ou seja, o uso de sistemas regulatórios, porém, com adaptabilidades necessárias para solidificar a relação das partes, pois "ela promove respostas atenciosas, oportunas e bem-informadas para os outros – respostas que são escalonáveis, recicláveis e sustentáveis ao longo do tempo" (p. 729).

"Com numerosos cálculos, pode-se obter a vitória. Teme quando os cálculos forem escassos. E quão poucas chances de vencer tem aquele que nunca calcula!"

Sun Tzu

6.6 FICHA DO PLANEAMENTO NEGOCIAL (FPN)

E por falar sobre burocracia, muitas pessoas podem estar a olhar para este livro e pensar que não consegue efetividade produzir uma ficha técnica para o plano estratégico da negociação. Podemos até concordar com este pensamento, afinal de contas, para que serve olhar para o passado se não quero aprender e não há o que evoluir? Para que tomar nota de todos os pormenores de uma negociação que não voltará a acontecer? Contudo, quando estamos a falar de negociações que incorporam um grande valor, seja financeiro, psicológico ou até mesmo risco de vidas, escrever determinados dados que possam subsidiar as futuras negociações é recomendável.

É com este propósito que o FBI alimenta o seu sistema, com todos os passo a passo das negociações que realizam e argumentam que "o banco de dados é um serviço para a aplicação da lei, aprender com outros incidentes – como eles foram resolvidos, armas usadas, quanto tempo duraram e como as comunicações foram tratadas" (FBI, 2007, p. 1). Na mesma linha, Carnevale (2019) acredita ser primordial o mapeamento das situações negociais passadas para a colaboração das negociações futuras. Este autor expõe ainda uma pesquisa realizada por O'Connor, Arnold e Burris (2005) que comprovaram a eficácia do que chamamos de ficha técnica para a negociação e afirmam "os resultados das negociações alcançados em um determinado momento foram fortemente influenciados pelos resultados obtidos nas negociações anteriores. A história é importante na negociação" (Carnevale, 2019, p. 110).

Apresento no Quadro 21, uma ficha técnica importante para o banco de dados de nossas negociações. No entanto, ressalto que a ficha pode ser adaptada ao negócio.

Quadro 21 – Ficha do Planeamento Negocial (FPN)

Ficha do Planeamento Negocial (FPN)		**Data:** / /
DADOS DO NEGOCIADOR (outra parte)		
Nome	Idade	
Empresa		
Stakeholders		
Profissão/cargo	Telemóvel/e-mail	
	Marque com "x"	
Perfil sensorial	( ) Visual ( ) Auditivo ( ) Cinestésico	
Perfil comportamental DISC	( ) Dominante ( ) Influente ( ) Estável ( ) Conforme	
Perfil cultural Hofstede	Consultar as diferenças entre as nacionalidades dos negociadores envolvidos (no caso de negociações internacionais)	
Influenciadores		
Tipo de Poder	Informar o poder que o outro possa exercer sobre você na negociação	
Informações relevantes	Qualquer outra informação importante para o contexto negocial	

continua

DADOS DA SUBSTÂNCIA (o contexto negocial)	
Contexto	
Questões que envolvem o contexto	
Tempo	Identificar o tempo máximo que a outra parte tem em mente para fechar a negociação
MAANA possível (da outra parte)	
Interesses/necessidades	Colocar os interesses/necessidades da outra parte. Caso ainda não o tenha, colocar a informação superficial até obter dados mais concretos
ESTRATÉGIA DA NEGOCIAÇÃO	
Quebra-gelo	Algo que possa criar um clima mais ameno e relaxado
Estratégia de abordagem	Definir os "E, se?" Se a contraparte entrar com uma postura competitiva/colaborativa qual estratégia deves escolher?
Perguntas para prospeção	Lista de perguntas possíveis para um diagnóstico dos interesses e necessidades
Minha MAANA	Melhor Alternativa Ao Não Acordo
Interesses/necessidades	Colocar os interesses/necessidades da outra parte. Caso ainda não o tenha, colocar a informação superficial até obter dados mais concretos

continua

Seu nível de dependência	
O nível de dependência da outra parte	
Opções para criar valor	
Critérios objetivos	Importante para sustentar e legitimar as suas argumentações
Possíveis objeções	
Possíveis soluções para objeções	
Possíveis concessões e compensações	
BREVE RELATO DA NEGOCIAÇÃO	
(Preencher depois) Importante para alimentar o banco de dados que serve para consulta e correções futuras	

CAPÍTULO 7

O PLANO TÁTICO DA NEGOCIAÇÃO

O plano tático diz respeito ao que chamo de dia "D" da negociação. É a hora em que tudo o que foi planeado será colocado em prática. Podemos ou não conhecer a contraparte. Não sabemos exatamente qual é a estratégia dela, mas nem por isso, deixaremos de lado a nossa capacidade de observar, analisar, interpretar e perceber nas "entrelinhas" as informações importantes. Lembre-se das pistas informacionais que o corpo emite. Prepare toda os recursos da inteligência emocional. Lembre-se das competências da IE: autoconsciência, autorregulação emocional, automotivação, empatia e perceção da emoção do outro. Potencialize o seu grau de percetividade através do estado de presença. Estude muito atempadamente todas as informações mapeadas na fase do plano estratégico. Seja confiante e flexível e siga em frente!

7.1 ABORDAGEM NEGOCIAL

Alguma vez esteve numa negociação difícil e não soube como abordar a outra parte? Naturalmente, não sabia como a outra parte o abordaria. E se o outro negociador iniciasse a negociação com uma postura mais dura, como reagiria? E se iniciasse a negociação com uma postura mais suave, como a outra parte reagiria? Estas e outras dúvidas permeiam a vida real de uma negociação. Em especial as negociações em que uma parte acha que possui mais poder que a outra. Seja um poder de autoridade, conhecimento ou até mesmo um poder legítimo.

Com base nestes factos que ocorrem na vida real, a ciência procurou, por anos, estudar este tipo de comportamento e um dos estudos mais famosos e importantes para o universo da negociação é o "Dilema do prisioneiro" (Zalta *et al.*, 1997, p. 1) ou o "Dilema do negociador" (Grigorov e Snoeck Henkemans, 2019, p. 382). Portanto, o "dilema do negociador" é: como iniciar uma abordagem negocial? Competir ou colaborar? Como prover uma negociação com resultado ganha-ganha se eu colaborar com o outro e este competir comigo? Para atender às necessidades da outra parte e também às minhas, preciso abordar de forma colaborativa e também competitiva? Como isto funciona na prática? São estas discussões que proponho esclarecer a seguir.

O dilema do negociador:

Para compreender melhor como se dá este processo, vou trazer um pouco da história onde tudo começou. Estudiosos do mundo inteiro desenvolvem teorias com base neste facto que ocorreu na vida real e, desde então, serviu de parâmetro para a compreensão do comportamento na interação social, em especial nas negociações. Portanto, Zalta *et al.* (1997, p. 1) procuram explicar um acontecimento entre dois prisioneiros:

> Tanya e Cinque foram presos por roubar o *Hibernia Savings Bank* e colocados em celas de isolamento separadas. Ambos se preocupam muito mais com sua liberdade pessoal do que com o bem-estar de seu cúmplice. Um promotor inteligente faz a seguinte oferta a cada um: "podes optar por confessar ou permanecer em silêncio. Se confessar e seu cúmplice permanecer em silêncio, retirarei todas as acusações contra você e usarei seu testemunho para garantir que seu cúmplice cumpra pena. Da mesma forma, se seu cúmplice confessar enquanto você permanece em silêncio, ele ficará livre enquanto cumpre o tempo. Se os dois confessarem, recebo duas condenações, mas cuidarei para que ambos consigam liberdade condicional antecipada. Se os dois permanecerem em silêncio, terei que me contentar com sentenças simbólicas sobre acusações de porte de arma de fogo. Se quiser confessar, deve deixar um bilhete com o carcereiro antes de eu voltar amanhã de manhã.

Como podemos ver, o promotor propôs alternativas para as partes envolvidas de forma individual. Cada qual não sabia da proposta e decisão da outra parte. Ambos estavam cegos. Exatamente como acontece na vida real das negociações. Muitas vezes, não sabemos como o outro iniciará o processo de negociação. Esperamos sempre que seja suave, mas a experiência nos mostra que nem sempre é assim. Então, para sintetizar a proposta do promotor (caso dilema do prisioneiro), criei o Quadro 22 para fixarmos as possíveis reações e resultados das partes conforme a postura da outra. Este Quadro não é uma novidade no universo das negociações, é um exemplo recorrentemente utilizado em formações ou livros. No entanto, é importante que o negociador tenha em mente os efeitos que pode produzir com uma abordagem suave ou dura.

Quadro 22 – Dilema do negociador

Negociador A	Silêncio (defende)	Resultado: (A)Ganha-(B)Perde	Resultado: (A)Perde-(B)Perde
	Confessa (coopera)r	Resultado: (A)Ganha-(B)Ganha	Resultado: (A)Perde-(B)Ganha
		Confessar (coopera)	Silêncio (defende)
		Negociador B	

Fonte: Adaptado de Ereoni e Miller (1993, p. 572)

Para Zalta *et al.* (1997), "o dilema do prisioneiro também ocupa um lugar no coração de nosso sistema económico. Parece que qualquer mercado projetado para facilitar trocas mutuamente benéficas precisará superar o dilema ou evitá-lo" (p. 1). Sem contar que, de acordo com Sharma, Bottom e Elfenbein (2013), o negociador pode "receber pagamentos mais altos por escolher competir, independentemente do que a outra parte decidir" (p. 297). Portanto, para enfrentar este obstáculo, há de se ter em mente que a primeira postura exposta como colaborativa na negociação exerce um papel influenciador que acaba por estimular também a colaboração da outra parte e, por outro lado, "a cooperação diminui com a repetição, e a reciprocidade cai conforme o seu custo material aumenta" (Clark e Sefton, 2001, p. 51).

Para além do "Dilema do prisioneiro", Lewicki *et al.* (2014) discorrem sobre outros dois dilemas que ocorrem não só na abordagem, mas ao longo das Fases do Processo de Negociação (FPN), são eles: "sinceridade: quanto de verdade deve ser revelado à outra parte (ao revelar, talvez dê à outra parte a oportunidade de tirar proveito); dilema da confiança: até quando deve acreditar no que a outra parte diz (ao acreditar, o outro poderá tirar proveito, mas se não acreditar, o acordo será mais difícil)" (p. 15).

Ao discorremos sobre as Fases do Processo de Negociação (FPN) no capítulo antecedente, compreendemos como a fase do relacionamento, para o caso de negociações com propósito ganha-ganha. No plano tático, as partes passam a conhecer-se melhor através de apresentações pessoais e profissionais com o propósito de conquistar a confiança e seguir nas fases subsequentes. A confiança faz parte desta fase (dilema que Lewick destaca), pois é reconhecida como alicerce que mantém e sustenta o relacionamento. O grau de confiabilidade mútua vai de acordo com o nível de "interdependência das partes na tentativa de resolver os interesses opostos" (Lewicki e Polin, 2013, p. 32). Brown e Wright (2008) e Volkema *et al.* (2011) definem esta fase como decisiva na negociação. Sendo assim, a palavra-chave nesta fase é a "confiança". De acordo com a literatura, estabelecer o relacionamento e ganhar a confiança é primordial para avançar nas fases subsequentes e, portanto, faz parte da rotina do negociador.

No entanto, realmente um dos grandes desafios de um negociador é escolher a estratégia de abordagem mais apropriada para iniciar uma negociação dada a obscuridade inicial do tipo de estratégia que a contraparte adotará, o que acaba por ressaltar a importância da competência emocional como afirmam Kelly e Kaminskienė (2016).

As estratégias de abordagem:

A comunicação, base fundamental para a interação social, desempenha um papel fulcral nas negociações (Fisher *et al.*, 1991; Shell, 2011), pois é encarregada de conduzir o processo de negociação em direção a um acordo e expressa a estratégia em jogo (Lewicki *et al.*, 2014; Thompson, 1990). Portanto, a comunicação da outra parte e a sua percetividade são as únicas formas para detetar a "estratégia em jogo", em razão de ser difícil obter a certeza plena da estratégia escolhida pela contraparte de maneira prévia.

Segundo Cohen (1980), o resultado de uma negociação é composto por quatro possibilidades e três direcionamentos: no primeiro direcionamento, as partes envolvidas saem satisfeitas da negociação (*win win*); o segundo, somente uma parte sai a ganhar (*win lose, lose win*); o terceiro corresponde a uma negociação em que ambas as partes obtêm um resultado insatisfatório ou medíocre (*lose lose*).

Uma negociação que resulta em ganhos mútuos (todos saem a ganhar – ganha-ganha/*win*), como vimos no Quadro 22, normalmente é ocasionado por uma estratégia de abordagem integrativa (Lewicki *et al.*, 2014) ou colaborativa (Cunha *et al.*, 2006) ou ainda, uma estratégia de abordagem baseada em solução ou interesses (Fisher *et al.*, 1991) (agregar valor para crescer o bolo). Neste tipo de estratégia, o negociador apresenta opções convergentes com os interesses mútuos e esforça-se em fechar um acordo ótimo para manter um sólido relacionamento no longo prazo com a outra parte (Cunha *et al.*, 2006). Os negociadores procuram "criar benefícios conjuntos e maximizar a sua própria parcela dos recursos em questão" (Fulmer e Barry, 2004, p. 258). Os atores envolvidos na negociação precisam esforçar-se para alcançarem um acordo bilateral, caso o não acordo represente uma perda significativa (Thompson, 1990).

Ao contrário, em uma negociação comercial em que o vendedor esforça-se para estabelecer e manter relacionamentos duradouros com os seus clientes, a estratégia de abordagem colaborativa/cooperativa é adotada, pois "ajuda a aumentar a probabilidade de compras repetidas e novos clientes através de reputação positiva" (Guttman e Maes, 1998, p. 145). Contudo, colaborar muitas vezes, exige que a conversa inicie-se de maneira indireta (Grigorov e Snoeck Henkemans, 2019), talvez para propor uma conversa confortável e propícia para a ação integrativa.

No lado oposto, tem o resultado ganha-perde ou perde-ganha (Cohen, 1980) em que apenas uma parte é beneficiada em detrimento da perda da outra (Schelling, 1980). O resultado normalmente é produzido por estratégia de abordagem adotada pelo menos por um dos lados, do tipo negociação posicional (Fisher *et al.*, 1991), também chamada de reivindicação de valor (Brett e Thompson, 2016; Thompson, 1990), soma fixa (Thompson, 1990) ou distributiva (Lewicki *et al.*, 2014; Schelling, 1980; Sharma *et al.*, 2013; Thompson, 1990) ou competitiva (Robbins e Judge, 2003). Neste caso, o indivíduo preocupa-se exclusivamente com os seus próprios interesses e quer benefícios exclusivos para si (a maior fatia do bolo). O negociador distributivo vê o resultado da negociação como uma "pizza fixa" (Fulmer e Barry, 2004, p. 258).

Os investigadores Tao *et al.* (2010) realizaram uma pesquisa e descobriram que uma negociação só se torna benéfica para ambas as partes caso desenvolvam uma abordagem *coopetitive negotiation* (p. 164), a qual corresponde ao esforço que os negociadores fazem para chegar a um acordo *win* sem negligenciar a defesa dos seus próprios objetivos. Portanto, com base no modelo "coopetitivo" de Tao, um negociador deverá assumir uma abordagem cooperativa e competitiva no decorrer das Fases do Processo de Negociação. E isso exige um bom nível de competência da percetividade, pois, através dela, saberá o exato momento em que deve cooperar e competir.

Quadro 23 – As três estratégias de abordagem

ESTRATÉGIAS DE ABORDAGEM		
Competitiva	**Cooperativa**	**Coopetitiva**
Distributiva (Lewicki et al., 2014; Schelling, 1980; Sharma *et al.*, 2013)	**Integrativa** (Lewicki *et al.*, 2014)	(Tao *et al.*, 2010)
Competitiva (Robbins e Judge, 2003)	**Colaborativa** (Cunha *et al.*, 2006)	
Posicional (Fisher *et al.*, 1991)	**Baseada em solução ou interesses** (Fisher *et al.*, 1991)	
Reivindicação de valor (Brett e Thompson, 2016; Thompson, 1990)		
Soma fixa (Thompson, 1990)		

Fonte: Elaboração própria

O Quadro 23 reflete as três estratégias de abordagem em uma negociação. Poucos são os livros que expõem mais de duas abordagens. Contudo, a vida real de uma negociação permeia ambas as estratégias, o que nos conduz a acreditar que a mais coerente estratégia de abordagem quando o objetivo é alcançar um resultado benéfico para a díade (ganha-ganha) seja usar a cooperativa e competitiva, onde a primeira cuida dos interesses do outro e a segunda dos próprios interesses. Assim, logicamente, a coopetitiva é a estratégia que mais está presente na vida de um negociador integrativo da vida real. Porém, a sua utilidade requer um minucioso cuidado para saber o momento mais adequado para usar uma a outra. Além disso, o negociador não pode deixar de lado a influência dos *stakeholders* "e os demais fatores complicados. É a própria complexidade da realidade que torna a análise de uma interação abstrata tão útil como um auxílio à perceção" (Axelrod, 1980, p. 5).

O negociador é um indivíduo dotado de muita sensibilidade. Digo isso em razão da negociação ser um terreno extremamente delicado e que, muitas vezes, precisamos contar com a nossa capacidade percetiva. Portanto, imagine negociar com suecos ou dinamarqueses. Naturalmente, a estratégia que foi preparada para negociar com negociadores de outras culturas não será eficaz para negociar com estas. É o que Maruyama (1993) chama a atenção através do livro de Fatehi e Choi (2008), onde afirma que (p. 118):

Na cultura dinamarquesa, muitas vezes é considerado agressivo ou ofensivo apresentar novas ideias. Prefere-se repetir as mesmas velhas piadas. Discussões sobre política ou economia são tabus, exceto em enclaves marginais. Tópicos seguros de conversação intelectual são arte, literatura e música, sobre as quais se espera que as pessoas discordem sem constrangimento. Na cultura sueca, o objetivo da comunicação interpessoal diária é a transmissão de novas informações ou sentimentos francos. Prefere-se ficar em silêncio, a menos que tenha uma mensagem importante, enquanto na Dinamarca é preciso continuar falando.

7.2 COMUNICAÇÃO NA NEGOCIAÇÃO

Para além da linguagem corporal, a disposição das cadeiras na mesa negocial podem demonstrar a estratégia de abordagem das partes. Isso por que, segundo Pease e Pease (2004), quando os negociadores procuram sentar-se mais próximo, no canto ou no mesmo lado da mesa, eles tendem a adotar uma postura mais cooperativa. Por outro lado, estes autores afirmam também que um negociador que senta no lado oposto à outra parte (mesa como um divisor) pode desenvolver uma postura "competitiva ou defensiva" (p. 225).

"Toda gente conhece alguém que pode entrar em uma sala cheia de pessoas e, em minutos, dar uma descrição precisa sobre as relações entre essas pessoas e o que estão sentindo" (Pease e Pease, 2006, p. 1). O que estamos a falar é de uma das competências primordiais para um negociador, a percetividade, pois através dela é possível detetar os sinais relevantes que refletem significativos conteúdos, em especial, nas negociações.

Um estudo clássico de Albert Mehrabian em 1950, exposto no livro de Pease e Pease (2004), revela que a linguagem corporal possui um peso expressivamente superior (55%) em "toda a comunicação interpessoal, atrás está o vocal (inclui tom de voz, inflexão e outros sons), com 38% e somente as palavras com 7%" (p. 17). Além disso, inúmeros estudiosos da linguagem corporal têm se dedicado a compreender a comunicação que o corpo é capaz de produzir, como é o caso do aperto de mão que teria em média dez significados diferentes, e ainda as pupilas dilatadas que podem ser sinal de excitação, as posições dos olhos são indicativas de estratégia mental em que o indivíduo lembra ou cria resposta, posição das sobrancelhas e ainda uma infinidade de detalhes valiosos (Pease e Pease, 2004). Por isso que "o segredo da leitura da linguagem corporal está na capacidade de captar o estado emocional" (p. 19), ou seja, a capacidade de perceber as emoções da outra parte.

Numa tentativa de atualizar os dados constatados na pesquisa de Mehrabian, Pease e Pease (2004) investigaram a influência da linguagem não verbal nas negociações da vida real, durante os anos 70 e 80, através de "milhares de entrevistas de vendas gravadas" (p. 18). Eles concluíram que a linguagem corporal exerce uma influência muito considerável na comunicação realizada "numa mesa de negociação, [...] e é responsável por sessenta e oitenta por cento do impacto" (Pease e Pease, 2004, p. 18).

É incrível ver o quanto a comunicação é poderosa nas relações sociais. E, muito mais ainda, nas negociações em que as partes possuem interesses conflituantes e precisam encontrar um ponto do acordo para harmonizar o resultado da negociação. Além disso, é mágico perceber o quanto a comunicação é um potente elemento para o desenvolvimento da inteligência emocional. Mehrabian (1969) argumenta inclusive que o "contato visual, orientação corporal, posição dos braços na cintura e relaxamento do tronco foram considerados indicadores da atitude do comunicador para com o destinatário" (p. 359). Contudo, vou discorrer um pouco sobre a comunicação verbal e a linguagem corporal.

- **Comunicação verbal**

As negociações produzem "diálogo, às vezes, atropelado pelo conflito de ideias, de interesses e necessidades... O paradigma de imposição está sendo substituído por diálogo. Por isso, a assertividade é um ingrediente vital da negociação" (Martins, 2005, p. 184).

A assertividade surge como uma alternativa para evitar distorções percetivas que ocorrem no dia-a-dia das interações sociais. E, como tal, produzem julgamentos e reemissão da mensagem com sentido completamente diferente da origem emitida.

Tão valiosa nas negociações, trouxe esta discussão para que o leitor perceba o quão importante é desenvolver uma comunicação assertiva. É claro, e deixo isto evidente, que fazer uso de uma comunicação assertiva não é sinônimo de resultado bem-sucedido na negociação, mas sim fazer a nossa parte, a parte que nos cabe para proferir uma sociedade menos conflituante.

“Ser assertivo é olhar para dentro de si e perdoar-se por não ser perfeito.”
(Martins, 2005, p. 2)

Assertividade na comunicação requer um conjunto de atributos e um deles é ser fiel às próprias convicções, defendê-las de forma verdadeira, não destrutiva ou agressiva, aceitar opiniões divergentes, ter escuta ativa, "não se importar com a reação do outro, dominar mentalmente, emocionalmente e, às vezes, fisicamente a si mesmo, além disso, exige um equilíbrio interior muito bom" (Pipaş e Jaradat, 2010, p. 655). Este autor, classifica a assertividade como um processo. Porém, para Martins (2005), a assertividade é uma "filosofia de vida, é mais do que um comportamento, pois engloba valores, atitudes, pensamentos e sentimentos frente à vida" (p. 7). Em poucas palavras, ser assertivo é agir com coragem, firmeza, determinação e respeito ao próximo (Martins, 2005). Para o dicionário Infopédia (2021), a "assertividade é um conjunto de atitudes e comportamentos que permitem ao indivíduo afirmar-se social e profissionalmente sem violar os direitos dos outros".

Apresento algumas diferenças de comunicação verbal agressiva, passiva e assertiva, inspirada em Martins (2005, p. 67 – 81):

- **Agressivo:** É o que eu quero que faças! O seu jeito de pensar é um disparate! É o que eu penso, não importa o que achas!

- **Passivo:** Minhas ideias nunca são aceitas! O que eu penso não é levado em conta! Não importa o que eu diga, tens sempre a última palavra!

- **Assertivo:** Penso que seria interessante que esta tarefa fosse desempenhada por você, em razão do seu *skill* mais adequado! Eu compreendo perfeitamente o seu ponto de vista, mas seria interessante se pudesse avaliar o meu! Como se sentiria se todas as suas ideias fossem descartadas sem a menor explicação, põem-se no meu lugar.

Não é uma tarefa fácil transformar um ser agressivo em um ser assertivo. Isso exige um conjunto de competências exposto por Martins (2005) no Quadro 24 e que, indiscutivelmente, exige maturidade e autoconhecimento, igualmente nas negociações. É muito fácil realizar as negociações transacionais, pautadas em trocas, mas é infinitamente mais difícil estabelecer negociações relacionais/integrativas que perdurem por longos anos. Isso exige uma atitude assertiva que, por sua vez, conforme o Quadro 24, requer determinadas competências que envolvem a inteligência emocional, tais como: empatia, tolerância, autocontrolo, adaptabilidade, entre outros. Está tudo conectado. É importante que o leitor perceba que para produzirmos negociações bem-sucedidas, com resultados ganha-ganha e estabelecer um relacionamento a longo prazo com a outra parte, se tem de colocar em prática a inteligência intelectual (neste caso, técnicas de negociação), inteligência comportamental (neste caso, a assertividade expressa através da comunicação) e a inteligência emocional.

Por fim, não é menos importante mencionarmos que, para haver congruência no uso da linguagem assertiva, o tom de voz e as expressões corporais devem expressar a mesma intenção. Como vimos, atempadamente, a parte vocal exerce a segunda maior influência sobre a comunicação. É evidente que este capítulo não vai discorrer sobre o contexto vocal que envolve um entendimento mais profundo da fonoaudiologia: "qualidade vocal, ataque vocal, *pitch, loudness*, ressonância... articulação, fluência, prosódia e uso de pausas no discurso" (Vieira e Behlau, 2009, p. 347).

Quadro 24 – Competências para ser assertivo

COMPETÊNCIA	DESCRIÇÃO
Autoestima	origina-se da imagem que tem de si mesmo. É a sua reputação vista por seus próprios olhos. É o que pensa e sente sobre si mesmo. A qualidade da autoestima depende de você. Depende da aceitação, da confiança e do respeito que tem por si mesmo.
Determinação	é uma energia que te faz ter coragem para ir em frente e não desistir perante os obstáculos. É ter foco e clareza sobre aonde quer chegar.
Empatia	é colocar-se no lugar do outro mentalmente e sentir o que o outro está sentindo numa determinada situação. Somente pessoas maduras conseguem estabelecer empatia.
Adaptabilidade	é adequar o seu estilo de comunicação e entrar em sintonia com seu interlocutor, seja uma criança, seja um idoso, tenha nível cultural alto ou baixo.
Autocontrolo	é assumir que o ser humano é bastante emocional e usar da racionalidade para gerenciar emoções, não perdendo o controle das situações.
Tolerância à frustração	é aceitar que não podemos só ouvir sins, pois existem os nãos que são pertinentes e justos. Isto significa aceitar a diversidade humana.
Sociabilidade	é gostar de estar com pessoas, é se preocupar com o bem-estar do outro assim como o seu próprio. É tratar as pessoas com naturalidade e sem ideias preconcebidas.

Fonte: Martins (2005, p. 18-19)

- **Comunicação não verbal:**

Compreende-se como linguagem não erbal não só a forma física "(forma do corpo, altura, peso, cabelo, cor da pele, etc....)" (p. 114), como também os recursos físicos "(roupas, batom, óculos, perucas, cílios postiços, joias, acessórios, bolsas, etc....)" (Chu *et al.*, 2005, p. 115). Para além destes fatores, o "sorrir, tocar, contacto visual, proximidade e posições corporais abertas" (Fatehi e Choi, 2008, p. 119) e as microexpressões faciais (Ekman, 2003) também fazem parte do contexto não verbal.

A comunicação não verbal ou linguagem corporal, como preferir, é responsável por emitir pistas informacionais de extrema importância e relevância na interpretação dos dados no âmbito negocial. Em outras palavras, como bem concluiu Pease e Pease (2004), a comunicação não verbal influencia entre "60 a 80 por centro" (p. 18) a interpretação que as partes fazem na mesa de negociação. Na mesma linha, outro estudo comprova que as informações emitidas pelo corpo contribuem para que as partes "filtrem os sentimentos e reações abertamente em um ambiente" (p. 305) isento da influência dos *stakeholders* e é compreendida como "fator primordial para abordar o problema, identificar as questões e determinar a solução para o conflito" (Lincoln, 2000, p. 305).

Contudo, infelizmente, uma pesquisa realizada com negociadores da vida real constatou que, mesmo diante da relevância da linguagem não verbal no mundo dos negócios, nem todos os respondentes dão a devida relevância e, ao mesmo tempo, estes negociadores relatam que um sorriso incentiva uma ação mais colaborativa e que procuram "aproximar-se fisicamente da outra parte para enfatizar a importância de seu ponto de vista" (Chu *et al.*, 2005, p. 127). Talvez seja uma contradição ou enviesamentos de interpretação, mas o facto é que a comunicação não verbal reflete a emoção de uma pessoa e, por isso, Pease e Pease (2004) argumentam que "segredo da leitura da linguagem corporal está na capacidade de captar o estado emocional de uma pessoa através de escutar o que ela diz e observar os seus gestos e atitudes" (p. 19), ou seja, PEO (Perceção da Emoção do Outro), uma das competências da Inteligência Emocional. Por outro lado, captar estas pistas requer uma atenção plena (olhar atento, mente e corpo no mesmo objetivo, potencialização da percetividade). Ao longo deste livro, tenho falado sobre esta competência e, naturalmente, o leitor vai perceber o quanto que ativar este estado faz toda a diferença, em especial para a análise das pistas informacionais não verbais, em todas as Fases do Processo de Negociação.

E para falarmos no significado das pistas informacionais, Mehrabian (1969) revela "que uma pessoa dependente comunica atitudes mais positivas através do não-verbal" (p. 365) (o conceito de dependência foi discorrido no Capítulo Plano Estratégico). Além disso, Exline e Messick (1967) argumentam que os dependentes procuram o "contacto visual… para eliciar atitudes positivas, quando elas não estão acessíveis..., enquanto os homens dominantes diminuíam seu contacto visual com ouvintes menos reforçadores" como expõe Mehrabian (1969, p. 365).

Para corroborar ainda mais com a aprendizagem do leitor negociador, trago à luz contributos emprestados pelo livro *Desvendando os segredos da Linguagem Corporal*, de Pease e Pease (2004), dois grandes especialistas e professores internacionais quando o assunto é linguagem corporal, com mais de onze milhões de livros vendidos no mundo inteiro. Estes autores dão um alerta para todo iniciante a leitor da linguagem corporal: analise sempre o conjunto de informações emitidas pelas expressões corporais e nunca apenas uma pista em separado. Portanto, com base nestes autores, o Quadro 25 apresenta alguns exemplos a respeito da linguagem corporal e o seu significado. Como fica evidente, o conteúdo é bastante intenso, portanto, trago apenas alguns mais recorrentes nas vendas e negociações.

Quadro 25 – Linguagem corporal e significados

Mãos	
 Mãos espalmadas	O poder que a palma da mão exerce na emissão dos sinais é valioso. "Reflete autoridade inquestionável, sinceridade e honestidade" (p. 37).
 Aperto de mão de igualdade	As mãos ficam lado a lado (sentido vertical). Significado é a consideração um com o outro e em posição de equivalência, onde não há um superior. Aperto de mão colaborativo.
Aperto de mão fraco	A mão é inexpressiva. Não há calor e nem energia. Parece um peixe morto com a pele escorregadia. "Pode indicar sinal de fraqueza em algumas culturas" (p. 50).
Aperto de mão dominante	O negociador dominante estica o braço e posiciona a sua mão com a palma para baixo, a insinuar que a outra parte encaixe a mão com a palma para cima. Reflete a necessidade de controlar o outro. Do contrário é o submisso.
Aperto de mão alicate	O emissor aperta tanto a mão do recetor que parece um alicate a arrancá-la. Emite grosseria e agressividade.

continua

Braços cruzados	
 Braços cruzados	Por norma, braços cruzados significa que a parte emitente não está aberta à contraparte. Se o emitente não estiver com frio, pode indicar "desejo de colocar uma barreira entre a pessoa ou coisas" (p. 72).
 Braços cruzados com as mãos a agarrá-los	Revela que está "inseguro e resistente a comprar o que a contraparte está a vender" (p. 76).
Braços cruzados com punhos cerrados	O emissor cruza os braços e esconde as mãos que estão fechadas. Indica postura avessa ao outro. Rejeição/hostilidade.
Braço cruzado com o polegar para cima	Revela que está "defensível, porém, confiante" (p. 77).

Fonte: Adaptado de Pease e Pease (2004)

O negociador internacional precisa ficar atento aos significados da linguagem corporal em cada país. É claro que há determinadas informações não verbais que são universais, como já vimos atempadamente, mas outras não possuem o mesmo significado.

Por esta razão, apliquei a este livro o conteúdo composto no Quadro 26 que revela justamente o significado de algumas informações não verbais em cada país. Ignorar estas informações ao negociar no âmbito internacional pode resultar em distorções informacionais e "experiências constrangedoras" (Fatehi e Choi, 2008, p. 119). Este autor acrescenta ainda, ao fazer referências ao estudo de Hall (1969), que há culturas com "alto e baixo contacto". O primeiro diz respeito a uma cultura mais aberta, animada, eloquente, que não se amofinam com diálogos alheios ao assunto principal (e.g.: "Sul-americanos, Europeus do Sul e do Leste, do Oriente Médio e Indonésios") (p. 119) e o segundo revela uma cultura mais reservada, maior distância, pouco animada, sem toque, mais recatada, as pessoas sentem-se muito chateadas quando são interrompidas (e.g.: "Asiáticos, Norte-americanos e Europeus do Norte") (p. 119) (Fatehi e Choi, 2008). Contudo, há também países que não estão neste espectro e apresentam um comportamento mais sóbrio (e.g.: "australianos e os neozeleeses") (p. 119) (Fatehi e Choi, 2008).

Quadro 26 – Comunicação não verbal em cada país

Comportamento não verbal	País e significados
 Polegar para cima	• Alemanha: Um sinal de contagem de "um" • Japão: Um sinal indicando "masculino" • Médio Oriente: Um gesto de insulto Estados Unidos: Um gesto de aprovação / OK / Bom trabalho!
 Dois com os dedos	• Inglaterra: Um sinal rude • Grécia, Oriente Médio: Um sinal de contagem de "dois"

continua

Comportamento não verbal	País e significados
 Mostrar um círculo com o indicador e o polegar	• Estados Unidos: Muito bom! • Turquia: Gesto de insulto / acusação de homossexualidade
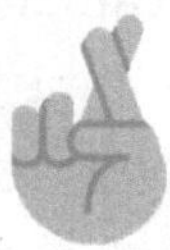 Cruzar os dois primeiros dedos	• Estados Unidos: Boa sorte! • Taiwan: Proibido fumar!
Tocar a cabeça de uma pessoa	• Estados Unidos: Afeição • Tailândia: Uma grande transgressão social
Contato com os olhos, fixar o olhar	• Estados Unidos: Um sinal de atenção • Japão: Um comportamento rude / invasão de privacidade • A maioria dos países asiáticos: Sinal de desrespeito a pessoas seniores
Olhos bem abertos "arregalados"	• Estados Unidos: Um indicador de surpresa • Chinês: Uma indicação de raiva • Hispânico: Pedido de ajuda • Francês: Emissão de desafio
Balançar a cabeça de um lado para o outro	• Países ocidentais: Um sinal de desacordo / não • Bulgária: Um sinal de acordo / sim
Balançar a cabeça para cima e para baixo	• Países ocidentais: Um sinal de acordo / sim • Grécia e Bulgária: Um sinal de desacordo / não

Fonte: Fatehi e Choi (2008, p. 120)

Portanto, como vimos, observar o outro para identificar a mais apropriada estratégia para a interação social é primordial no mundo das negociações. Para isso, o negociador precisa recorrer ao que o O'Connor e Seymour (1990) chamam de "espelhamento, ou seja, a reprodução da linguagem corporal e do tom de voz, assim, é possível estabelecer rapidamente um clima de empatia com praticamente qualquer pessoa" (p. 37). A empatia é considerada como *rapport* no universo dos negócios (O'Connor e Seymour, 1990). O uso do *rapport* é, inclusive, um dos recursos recomendados para a iniciação das entrevistas com o propósito de pesquisas académicas (Rowley, 2012) e é indicado para o uso em sala de aula para "facilitar a aprendizagem" (Lashkarian e Sayadian, 2015, p. 531). Além disso, pode ainda ser usado por vendedores para aumentar o foco na "construção de uma plataforma para encontros futuros" (Evans *et al.*, 2000, p. 521) e por negociadores do FBI para provocar "mudança de comportamento" da parte hostil (Noesner e Webster, 1997, p. 16). Contudo, o que a experiência nos mostra é que o *rapport* é um mecanismo essencial em toda as FPN, por estar diretamente associado à conquista da confiança. No entanto, a criação dele seria no momento da abordagem e na manutenção nas demais fases da negociação.

Recomenda-se ao leitor que aceda ao capítulo Inteligência Emocional, para obter uma compreensão mais ampla do *rapport* através da dimensão ou competência da empatia, que pertence à inteligência emocional.

7.3 CLARIFICAÇÃO. A FASE DA PROSPEÇÃO DAS NECESSIDADES E INTERESSES:

Esta fase é delicada e importante. As perceções sobre o problema são esclarecidas e confirmadas, como também, os interesses são compartilhados através da troca de informações pertinentes para chegar a um resultado *win* (Brown e Wright, 2008; Patterson, 2000; Volkema *et al.*, 2011). Com isso, a palavra-chave nesta fase é "informação".

As necessidades e os interesses:

"Negociadores com menos poder fazem mais perguntas de diagnóstico do que indutoras, quando enfrentam um parceiro competitivo em vez de cooperativo."

De Dreu e Van Kleef (2004, p. 303)

A maioria das literaturas sobre negociação consideram a investigação das necessidades ou interesses, e dificilmente consideram analisar os dois em conjunto. Facto que parece demonstrar que o interesse e a necessidade fazem parte da mesma coisa. Enquanto que aqui ambos são tratados como duas coisas distintas. Vamos à definição:

- Necessidade: conforme a Infopédia (2021c), a necessidade é o "carácter do que se precisa mesmo; carácter do que é indispensável ou imprescindível" (p. 1) e;

- Interesse é "o que convém a alguém; proveito; lucro; vantagem; empenho" (Infopédia 2021b, p. 1). Portanto, igualmente em uma negociação temos as necessidades como algo inegociável, imprescindível e indispensável, enquanto o interesse como algo a mais, como a vantagem e/ou o benefício.

Exemplo: Duas pessoas (pai e mãe) podem negociar a guarda definitiva de uma filha em comum (a necessidade para a mãe, por exemplo). No entanto, as partes estão a discutir quanto às visitas à escola e a participação das reuniões, os passeios, as viagens, acompanhamento médico, os finais de semana, as férias escolares, enfim, uma presença mais assídua mesmo não sendo o pai a parte responsável pela guarda direta (chamo de interesse, neste exemplo sem dados mais aprofundados). Percebe o quanto podemos, com este exemplo, identificar a diferença clara entre a necessidade (imprescindível) e o interesse (benefício, o algo a mais)?

Como vimos, as negociações podem conter interesses e necessidades. Acredita-se que só quem vivencia uma situação negocial tem condição de elencar o que é a necessidade e o que pode ser classificado como interesse.

Quanto às necessidades, recorri à Figura 5 de Abraham Maslow que contém (Robbins e Judge, 2003, p. 203):

> **1. Fisiológicas:** Inclui fome, sede, abrigo, sexo e outras necessidades corporais.
> **2. Segurança:** Segurança e proteção contra danos físicos e emocionais
> **3. Social:** Afeto, pertencimento, aceitação e amizade.
> **4. Estima:** Fatores internos, como respeito próprio, autonomia e realização, e fatores externos, como status, reconhecimento e atenção.
> **5. Autoestima:** Impulsionar para nos tornarmos o que somos capazes de nos tornar; inclui crescimento, realização de nosso potencial e autorrealização.

Maslow nomeou as "necessidades de ordem inferior (fisiológicas e de segurança) (Figura 5) e superior (social, autoestima e autorrealização)" (p. 204) e acrescenta que, ao contrário das necessidades superiores, as de nível inferir seriam satisfeitas na maioria dos casos com uma dependência de terceiros (Robbins e Judge, 2003, p. 204).

No mundo real, normalmente as negociações pautadas pelas necessidades básicas (fisiológicas) são aquelas de abordagem transacional (preciso de um computador para trabalhar. Negocio, pago e recebo e já está pronto para o trabalho). Enquanto que as demais exigem maior nível de avaliação do produto ou serviço para aumentar a certeza se a empresa ofertante realmente entregará o que prometeu, pois qualquer decisão pode pôr em risco a solução da necessidade.

Figura 5 – Necessidades de Maslow

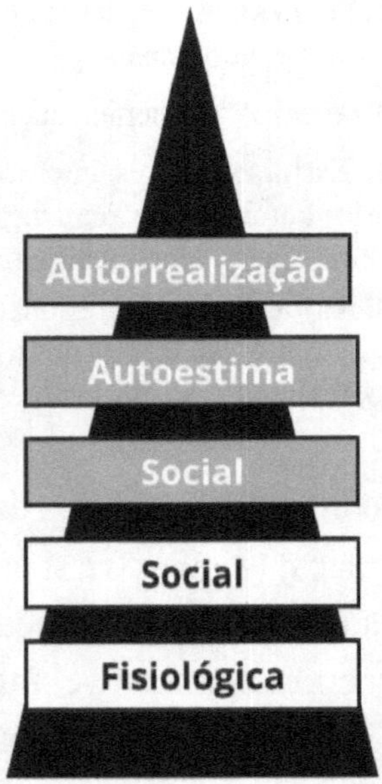

Fonte: Modelo da hierarquia das necessidades de Maslow exposto por Robbins e Judge (2003, p. 203)

Portanto, as necessidades definem o jogo negocial em razão de "influenciar, com frequência, o estilo e as ações" (Sparks, 1992, p. 115). Este autor acrescenta ainda o quão é primordial que os negociadores saibam como diagnosticar as necessidades envolvidas na negociação. É claro, e precisamos destacar isto, que, no mundo real, dificilmente é possível diagnosticar se a necessidade da outra parte é básica, segurança, social, autoestima ou autorrealização. Em virtude disso, acredita-se que a linguagem mais apropriada para os diagnósticos referentes às necessidades seria a linguagem que Sparks (1992), uma tradução da linguagem de Maslow para as negociações. Então, o que Sparks (1992), revela é a existência da:

- Necessidade risco zero: A contraparte é um conservador e preconiza por negociações seguras. O negociador deve transmitir confiança e diminuir a insegurança da outra parte, esforçando-se mais para argumentar sobre os aspetos relevantes para a redução do risco.
- Necessidade de pertencimento: A contraparte quer ser aceita. O negociador precisa trabalhar estes aspetos e fazer uso bem musculado da empatia. Para além disso, acrescento ser, talvez, uma estratégia interessante incorporar a outra parte na construção da solução em conjunto. Em marketing, temos algo similar quando convidamos um cliente para fazer parte do desenvolvimento de um novo produto ou serviço. A criação que resulta desta estratégia, normalmente, é bem-sucedida.
- Necessidade de valorização: "O oponente quer ser visto pela mesma ótica que se vê. O negociador deve se esfoçar para reconhecer os elementos valorizados pelo oponente. O que ele tem, o seu status, posição, *know-how*, empresa" (Sparks, 1992, p. 117).

- Necessidade de conquista: Corresponde ao lado oposto da necessidade de baixo risco. E, como tal, estamos a negociar com pessoas que gostam de assumir riscos em prol de soluções inovadoras. Sugero que, neste caso, o negociador use a estratégia da "necessidade de pertencimento" junto com a importância de "destacar o carácter inovador da negociação" (Sparks, 1992, p. 117).

Como vimos, para além das necessidades, Lewicki *et al.* (2014) chamam a atenção para três tipos de interesse encontrado nas negociações: "Interesse substantivo (referente à pauta da negociação), processual (comportamento dos negociadores) e relacional (futuro das partes)" (p. 107). Estes interesses podem ser ainda comuns e conflituantes para as partes (Fisher *et al.*, 1991). Para identificar os interesses, este autor recomenda o uso do "por que", veja no Quadro 27.

Quadro 27 – Como descobrir o interesse

Pergunte por quê? E use a técnica básica de se colocar no lugar deles.

Examine cada posição que eles tomam e pergunte-se "Por quê?"

E.g.: Imagine que o seu proprietário prefere fixar a renda em um contrato de cinco anos.

A resposta que podes dar, para ser protegido contra custos crescentes, é provavelmente um dos interesses dele.

- Então, pergunte: "Senhor Jones, permita-me perguntar qual é a sua preocupação básica em querer que a renda seja válida por não mais do que três anos?" Pense na resposta dele. Agora, coloque-se no lugar dele para supor o que ele responderia.

Uma das maneiras mais úteis de descobrir interesses é primeiro identificar a decisão básica que as pessoas do outro lado provavelmente veem que está a pedir, e, em seguida, perguntar a si mesmo por que não tomaram essa decisão.

- Pergunte "Por que não?" Pode perguntar ao próprio proprietário por que ele toma uma determinada posição. Em caso afirmativo, deixe claro que não está a pedir uma justificativa para essa posição, mas uma compreensão das necessidades, esperanças, medos ou desejos a que ela serve.

Estudos comprovam que perguntas com "por que" conseguem extrair a motivação das pessoas. Outros estudos afirmam que é um pouco perigoso usar este tipo de pergunta em momentos impróprios.

Fonte: Adaptado de Fisher *et al.* (1991, p. 25)

Como vimos, no exemplo de Fisher e os seus colegas, é preciso estabelecer muito *rapport* para conseguir conectar com o outro e entender a sua respetiva mente para extrair o interesse que pode estar nas profundezas, ou seja, oculto aos olhos e às perceções simples.

Perguntas que valem nas negociações:

"As perguntas são elementos essenciais na obtenção de informações na negociação. Boas perguntas permitem ao negociador obter muitas informações sobre a posição, argumentos e as necessidades" (Lewicki *et al.*, 2014, p. 156). Ela potencializa o grau de conhecimento do negociador acerca do problema negocial e da outra parte e, ainda, corrobora para que o negociador reduza ou anule possíveis objeções (Miles, 2013). Trata-se de "uma ferramenta importante que pode aumentar a probabilidade de colocar mais peças do quebra-cabeça nos lugares certos" (Miles, 2013, p. 409).

A literatura recomenda o uso de alguns tipos de perguntas na negociação:

- Perguntas de investigação: "despertam a atenção ou preparam a mente da outra parte para perguntas adicionais" (p. 156) e "começam com Quem, Quando, O que, Onde, Por que" (Lewicki *et al.*, 2014, p. 157). Este tipo de pergunta mais ampla contribui para que o negociador consiga perceber o quanto a outra parte está disposta a colaborar (Miles, 2013). Além disso, ajuda a estabelecer e solidificar o diálogo na díade (Futrell, 2003).

- Perguntas de verificação: São perguntas sensíveis. Lewicki *et al.* (2014) argumentam que "tem maior probabilidade de gerar uma posição defensiva e despertar a raiva da outra parte" (p. 156). Neste tipo de pergunta, as opções de respostas são dicotômicas que estimulam respostas como o sim/não, concordo/discordo, de acordo/não acordo, além de ter um caráter indutivo. Miles (2013) também acredita que este tipo de pergunta "fechada, geralmente parece mais ameaçadora do que a pergunta mais" (p. 410) ampla.

- "Perguntas hipotéticas: Representam condições que têm funções interrogativas. (e.g.: E se...?, Suponha que...?, O que acontecerá se...?, Vamos supor que ... e então?" (Grigorov e Snoeck Henkemans, 2019, p. 375). Uma negociação composta por uma díade, tanto um lado quanto o outro, estão devidamente preparados para fazer e responder às possíveis perguntas que a outra parte fará. Por esta razão, "manobras estratégicas" (p. 375) utilizadas pelas perguntas hipotéticas, faz emergir informações através das suposições (Grigorov e Snoeck Henkemans, 2019). Por isso, acredita-se que este tipo de pergunta é a mais poderosa de todas, pois tem a capacidade de quebrar a estrutura mental do outro previamente programada. Além disso, como afirmam Grigorov e Snoeck Henkemans (2019), uma vantagem importante ao uso desta estratégia é a "flexibilidade durante a troca de propostas e contrapropostas" (p. 379). O negociador que emite uma resposta a este tipo de pergunta concorda com as "suposições feitas de maneira feliz e se compromete implicitamente com algum conjunto adicional de suposições" (Grigorov e Snoeck Henkemans, 2019, p. 376). Este autor acrescenta ainda que ao usar este tipo de pergunta, o negociador emissor deve cuidar para conseguir sustentar a suposição emergida que naturalmente provoca uma âncora no negociador recetor. Isso por que as perguntas hipotéticas emitem "uma opinião sobre um evento que pode ocorrer ou como uma ação que é totalmente impossível" (p. 377) e, com isso, pode provocar dissonâncias cognitivas se não cumpridas (Grigorov e Snoeck Henkemans, 2019).

A arte de fazer pergunta requer habilidades e perspicácia. Habilidade para construir perguntas conforme o curso complexo da negociação e perspicácia para perceber qual a pergunta mais apropriada para o momento negocial, a considerar possíveis disposições informacionais da outra parte. Portanto, fazer perguntas não é uma tarefa fácil. Inclusive Futrell (2003) recomenda que emissor da pergunta seja também um gestor de tempo a fim de permitir que a outra parte possa construir respostas no tempo necessário e sem pressão, além disso, é importante "escutar com atenção os interesses e as necessidades da outra parte ajuda" (Futrell, 2003, p. 248) na construção da proposta negocial. Por outro lado, Maruyama (1993), conforme exposto no livro de Fatehi e Choi (2008), sinaliza ainda que em determinadas culturas, como a dinamarquesa, o uso de perguntas indiretas pode parecer deselegante, pois o "entrevistado pode não saber a resposta e ser visto como ignorante" (p. 118).

A negociação, como excessivamente já destacado, tem um caráter complexo e extremamente dinâmico. Por esta razão, planear as perguntas para executar no momento tático pode ajudar, mas não determina o sucesso. O que, na verdade, pode determinar o sucesso é a preparação, a perspicácia, a experiência e a flexibilidade para saber exatamente qual e como usar cada pergunta de acordo com a disposição da outra parte em respondê-las e, isso exige, perspicácia. De qualquer forma, Miles (2013) recomenda que o negociador inicie "a indagar sobre interesses e prioridades, mas ambos podem mudar no curso de uma negociação. Os entrevistados podem não ter considerado completamente os seus interesses e prioridades inicialmente" (p. 410), ou estão dispostos a escondê-los por acharem que ao exporem possam ficar mais vulneráveis. Miles (2013) acrescenta ainda que o emissor das perguntas deve manter sempre o controlo delas e evitar que a outra parte as faça. Neste sentido, poderíamos acreditar que quem faz a pergunta teria mais controlo situacional.

A etapa da clarificação e compreensão das necessidades e interesses é decisiva e determina uma boa apresentação da proposta negocial. Como fazer uma proposta sem elencar que necessidades e interesses a solução está predisposta a solucionar? Como subtilmente podemos perceber, extrair informações reais da outra parte é uma tarefa complexa, dinâmica e exige muito jogo de cintura. Porém, não podemos avançar para o momento da clarificação às cegas. Onde só se vê o que está na ponta do iceberg (Figura 6).

Figura 6 – Iceberg dos Interesses

Fonte: Elaboração própria

É preciso ter um norte, ou seja, uma trilha básica que, inclusive, permita improvisar em conformidade com a situação. Para isso, procura-se em inúmeros livros e artigos, mas só foi possível encontrar mecanismos com guias de perguntas que são pertinentes à área de vendas, como é o caso do livro de Rackham (2009) com o seu método "SPIN: Situação, Problema, Implicação e Necessidade de Solução" (p. 81). Em razão disso, foi desenvolvido um guia próprio inspirado na experiência com negociações e formações, que com certeza pode contribuir nas futuras negociações do leitor.

O método ASSIM (Aproximação, Sondagem, Substância, Interesse e MAANA) parte do princípio de que o negociador está no ponto zero da situação, ou seja, não conhece muito bem sobre a outra parte e/ou substância negocial. Assim, o uso estratégico de perguntas é uma forma eficaz de iniciar e criar uma atmosfera favorável na busca dos interesses mútuos ou divergentes. Perguntas, no momento certo, levam a outra parte a participar imediatamente, bem como, propiciar o *rapport* (assunto do Capítulo Dimensões da Inteligência Emocional).

ASSIM é um guia para que o negociador consiga mergulhar e ver a forma e o tamanho do iceberg abaixo da superfície do mar ou, melhor ainda, um método que permita fazer emergir as informações ocultas, tal como mostra a seta da Figura 6. Composto por cinco perguntas numa sequência especifica:

Aproximação
Sondagem
Substância
Interesse
MAANA

- **Aproximação:** Topo do iceberg (Figura 6). Perguntas sobre amenidades que quebrem o gelo e vão tornando o contato mais relaxado possível. As amenidades podem estar relacionadas com o momento, sobre a situação geral dos factos relevantes de onde está acontecendo o contato: trabalho, escola, família e/ ou vida social.Exemplo: Como tem passado? Como está esta manhã em seu trabalho? Que retrato lindo! São seus filhos? Fiquei sabendo que seu pai estava doente. Como ele está no momento? Que foto interessante, não sabia que era pescador. Pescar um peixe deste tamanho não deve ser para qualquer um, não é?

- **Sondagem:** Ainda estamos no topo do iceberg e antes de aprofundarmos mais precisamos fazer auto perguntas que nos levem a descobrir mais sobre o outro. Estas informações irão subsidiar a adaptação da proposta negocial na busca dos interesses convergentes ou, quem sabe, dos conflituantes. Neste momento não necessitamos fazer muitas perguntas para descobrir estas informações e sim sondar, observar e usar da perceção objetiva (ver capítulo Dimensões da Inteligência Emocional) para fazer diagnósticos relevantes. A conversa pode progredir e emitir informações para o diagnóstico. Auto pergunta e muita percetividade.Exemplo: Pergunte a si mesmo qual é o canal sensorial predominante: visual, auditivo ou cinestésico, perfil comportamental DISC: dominante, influente, estabilidade ou cauteloso, e perfil cultural Hofstede. (Consulte o capítulo Negociador).

- **Substância:** Vemos ainda o iceberg no nível do mar (Figura 6). Parte tênue que separa o que já se conhece do que ainda não sabemos até o momento. Vamos nos preparar para aprofundar mais. Pergunte sobre aspetos gerais do objeto da negociação. É preciso descobrir quem e quantos são os *stakeholders*, o tempo da outra parte, o poder constituído, informações que o outro negociador dispõe (ver capítulo plano estratégico). Precisamos identificar o que é comum e divergente e que tipo de abordagem usaremos (competitiva, cooperativa ou coopetitiva) (Ver capítulo Plano Tático. Tópico abordagem).Exemplo: Quais as pessoas envolvidas neste processo? Em quanto tempo acredita que podemos chegar a uma conclusão neste projeto? Quais são os nossos interesses em comum?

- **Interesse:** Iceberg abaixo do nível do mar (Figura 6). Parte mais profunda. Precisamos trazer à tona interesses ocultos, reprimidos, necessidades não reveladas para que passamos chegar ao acordo final. Necessário saber também, se for o caso, os interesses dos *stakeholders*. Momento importante de usar perguntas hipotéticas de Grigorov e Snoeck Henkemans (2019). Elas vão conseguir emergir informações que estão na parte mais profunda do iceberg para a superfície. Esta etapa pode subsidiar a validação das opções previamente elencadas no momento do plano estratégico para criar valor na proposta negocial.Exemplo: E se conseguíssemos solucionar o seu interesse no tempo hábil, existe alguma outra questão? Em sua opinião, que outros aspetos relacionados aos interesses seriam importantes para a proposta negocial ficar melhor?

- **MAANA:** Iceberg bem abaixo do nível do mar (Figura 6). É a parte mais íntima. Vamos fazer perguntas que levem a outra parte a expor o quanto dependente é da sua solução, ou seja, se ele tem uma MAANA – Melhor Alternativa Ao Não Acordo de Fisher *et al.* (1991) (capítulo Plano Estratégico). Contribui para que consiga identificar se há concorrência e o quanto distante está desta concorrência, se favorável ou desfavorável. Momento apropriado para recuar, abandonar, refazer a estratégia ou abandonar a negociação e usar a sua própria MAANA. Nesta fase, as perguntas hipotéticas de Grigorov e Snoeck Henkemans (2019) são de grande valia.Exemplo: Vamos supor que eu não consiga terminar o projeto em tempo hábil, o que faria?

7.4 APRESENTAÇÃO DA PROPOSTA NEGOCIAL:

A partir de um entendimento coerente sobre os interesses e problemas da parte oposta, uma apresentação da solução é compartilhada. O objetivo final é conquistar um acordo positivo para ambas as partes (*win*). Com isso, a palavra-chave para esta fase é a "solução dos interesses/problemas". Portanto, inspirado no livro *Vendas. Fundamentos e Novas Práticas de Gestão*, de Futrell (2003), que apresenta um composto de apresentação voltado para a área de vendas, foi desenvolvido um Composto de Apresentação específico para as Negociações (CAN) (Figura 7), que consiste em:

Figura 7 – Modelo CAN

Fonte: Elaboração própria

É o momento em que o negociador precisa preparar a sua perceção suficientemente objetiva (acender ao capítulo Inteligência Emocional), ou seja, estar atento a todos os sinais emitidos pela outra parte. Ativar a sua autoconsciência de modo a que consiga observar a si mesmo e corrigir a linguagem corporal, verbal e tom de voz congruente com o canal sensorial predominante da outra parte. Assim como adaptar a velocidade de raciocínio da apresentação de acordo com o perfil comportamental do outro negociador. Neste caso, é muito importante perceber que cada um possui a sua própria bagagem mental e, por isso, é recomendável que o negociador saiba como neutralizar o seu perfil predominante para adaptar-se ao perfil do outro e ser mais assertivo. Ele deve ainda ativar o seu estado de presença de modo a potencializar a sua perceção, autoconsciência e autorregulação emocional. Deve estar seguro, equilibrado e capaz de contagiar a outra parte com o seu entusiasmo (ver capítulo Dimensões da Inteligência Emocional). Deve estar pronto para negociar com uma postura flexível dado ao facto de que a negociação é um processo muito dinâmico. Além disso, deve procurar manter o "contato visual para mostrar que está a prestar a atenção e a escutar algo importante da outra parte" (Lewicki *et al.*, 2014, p. 151), "saber usar a empatia, manter a mensagem simples, saber escutar e transmitir confiança" (Futrell, 2003, p. 262).

Verificação:

É recomendável que em toda a apresentação dos seus argumentos da possível solução o negociador demonstre para a outra parte o quanto aprendeu sobre o problema, as necessidades e interesses elencados no momento da clarificação (prospeção). É recomendável também que o negociador procure organizar o momento da verificação de modo que possa começar pelos pontos de consenso para finalizar com os possíveis pontos conflituantes. É o momento em que as partes podem fazer os devidos ajustes caso haja distorções percetivas. É a hora de "montar o palco para o que pode vir depois" (Futrell, 2003, p. 231). Preparar-se para criar valor com as opções selecionadas no momento do plano estratégico.

Autoridade:

A solução que acreditamos ser a melhor precisa estar sustentada de alguma forma, em factos, dados, "garantias, resultados comprobatórios, depoimentos" (Futrell, 2003, p. 270). Na fase do plano estratégico, há um item chamado de "critérios objetivos" com base em Roger Fisher *et al.* (1991), portanto, esta é a hora de usá-los em prol de ganhar credibilidade através da legitimação dos argumentos negociais que serão apresentados.

Exemplo: Se o leitor for negociar a venda da sua casa, naturalmente irá recorrer a uma pesquisa nas imobiliárias para tentar perceber o valor de mercado. Pode ainda dar uma vista de olhos nos jornais para identificar a média de preço por metro quadrado. Pode basear-se pelo valor avaliado pelo banco e/ou agentes imobiliários. Estes dados recolhidos serão transformados em critérios objetivos, ou seja, em parâmetros para alicerçar a negociação.

Argumentação:

A experiência nos mostra que para apresentarmos a nossa argumentação é necessário demostrarmos "autoridade", usar a "adaptabilidade" e realizar as devidas "verificações". Para além disso, devemos organizar a nossa argumentação de modo estratégico e sugiro o modelo de marketing AIDA (Atenção, Interesse, Desejo e Ação). Este modelo foi desenvolvido no século passado e até os dias atuais "tem sido amplamente aplicado para a estratégia de marketing" (p. 262) e é composto por "nível cognitivo (atenção do usuário pode ser chamada) [...], nível afetivo (o usuário têm interesse nos serviços oferecidos e quer saber mais. Isso leva ao desejo...) e nível comportamental (o usuário parte para ação)" (p. 265) (Hassan, Nadzim e Shiratuddin, 2015).

Para além do modelo AIDA, o modelo Círculo Dourado de Simon Sinek (2009) tem o seu contributo (Figura 8).

Figura 8 – Círculo Dourado – Simon Sinek

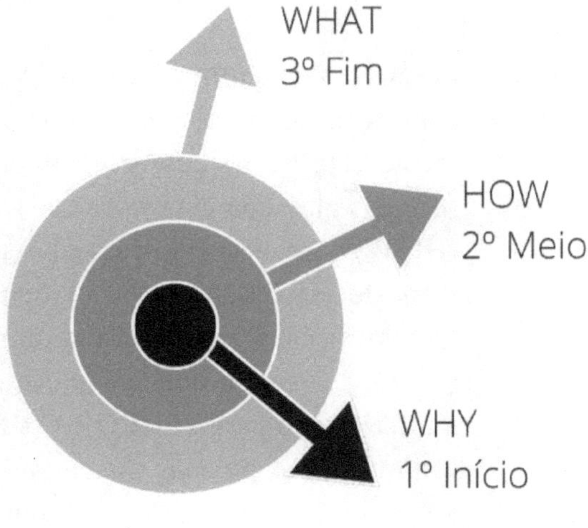

Fonte: Sinek (2009, p. 41)

O modelo "Círculo Dourado" (Figura 8) é o resultado de um estudo realizado por Simon Sinek (2009) para compreender como "grandes líderes são capazes de inspirar as pessoas a agir, dando-lhes um senso de propósito ou pertencimento" (p. 6). Simon descobriu que "esses líderes de maior influência no mundo tiveram uma visão, comunicaram essa visão claramente a outros e encontraram seguidores para concretizar essa visão" (Wise, 2011, p. 1). Eles usam uma estratégia de comunicação e começam com o WHY, de seguida com o How e finalizam com o What, ao contrário de outros líderes (Sinek, 2009) que começam do mais frio para o quente de fora para dentro (ver Figura 8). Portanto, a comunicação destes líderes de referência é sustentada em três fases que veremos mais detalhadamente no exemplo exposto por Simon Sinek (2009, p. 42 – 45):

> **O QUÊ (WHAT):** O que cada empresa e organização faz no planeta... Todos são facilmente capazes de descrever os produtos ou serviços que uma empresa vende... **COMO (HOW):** Algumas empresas e pessoas sabem como fazem o que fazem. "Proposta de valor", "processo" ou "proposta de venda única". Os comos costumam explicar como algo é diferente ou melhor...**POR QUÊ (WHY)**: Muito poucas pessoas ou empresas podem articular claramente por que fazem o que fazem.... Qual é o seu propósito, causa ou crença? Por que sua empresa existe? Por que você sai da cama todas as manhãs? Por que alguém deveria se importar?...
>
> Apple como exemplo: começa com POR QUÊ: (Em tudo o que fazemos, acreditamos em desafiar o *status quo*. Acreditamos em pensar de forma diferente). COMO: (A maneira como desafiamos o *status quo* é tornando os nossos produtos com um design bonito, simples e fácil de usar). O QUÊ: (fazemos ótimos computadores. Quer comprar um?)

O modelo do Círculo Dourado é, na verdade, uma estrutura persuasiva. E como tal, é capaz de transformar, através de uma comunicação emotiva, otimista e confiante, as "crenças e comportamentos" (Adler, Iacobelli e Gutstein, 2016, p. 76). Como podemos observar, quando Simon explica o significado do "por quê", ele na verdade está a destacar algo mais profundo, mais emocional e mais motivador. O "why" esta diretamente ligado ao sistema límbico, parte do cérebro emocional (Sinek, 2009). Desta forma, as pessoas ao ouvirem declarações como as da Apple, conforme exemplo anterior, passam a ser seguidores e não meros consumidores. Portanto, nas apresentações, o negociador precisa rapidamente construir argumentação que toque mais profundamente no emocional do outro (why). Exemplo: "Acredito que esta solução vai permitir que se sinta mais seguro, mais reconhecido, com autoestima elevada ou mais aceito na sociedade" (necessidade de Maslow), que, neste caso, representa o benefício. Na sequência da apresentação, o negociador poderá dar mais ênfase nos aspetos referentes ao "how", que também está ligado ao sistema límbico (Sinek, 2009). Exemplo: "este é um método exclusivo/solução aprovado por centenas de pessoas que obtiveram resultados fantásticos e rápidos ao acreditarem e o seguirem com disciplina" (vantagem da solução). Por fim, o negociador poderá dedicar-se aos elementos mais racionais que representam o "what". Argumentos correspondentes ao que se "diz e faz, que representa o pensamento racional e a linguagem do neocórtex" (Sinek, 2009, p. 176). Exemplo: valores, tipo de solução, frequência, forma de pagamento, composição do produto, parte tática de um serviço, ou seja, todos os elementos correspondentes às características da solução. Portanto, como pode-se observar, o modelo Círculo

Dourado foi integrado à estrutura BVC – Benefícios, Vantagens e Características da solução negocial.

Recursos VAC:

Organize a sua apresentação usando os recursos suficientes para aplicar o modelo AIDA. Para isso, os recursos visuais, auditivos e cinestésicos são importantes e o negociador deve estar preparado para encontrar uma pessoa predominantemente visual, auditiva ou uma cinestésica do outro lado (ver capítulo 5 – Perfil sensorial do negociador). Tal como uma loja de roupa que procura perfumar a loja, trabalhar o visual merchandising, a iluminação e, ainda, coloca uma música adaptada ao seu público-alvo. Os negociadores, em especial quando não conhecem a outra parte, precisam estar prontos para qualquer possibilidade.

- Recurso Visual: As ilustrações com imagens, filmes, gráficos "aumentam a retenção, reforçam a mensagem, reduzem o mal-entendido, criam uma impressão exclusiva e mostra profissionalismo" (Futrell, 2003, p. 270). AIDA: Atenção.

- Recurso Auditivo: Não estamos a falar de música no momento da apresentação e sim dos argumentos-chaves previamente preparados. Sugiro que o negociador destaque os argumentos encaixados aos interesses e necessidades que mais representam a dor da outra parte. Isso fará com que, conforme o modelo AIDA, o Interesse e a Necessidade fiquem ainda mais latentes e potencializem a manifestação do Desejo. As ênfases nas palavras-chaves darão qualidade à apresentação.

- Recurso cinestésico: Qualquer instrumento que possa fazer a outra parte sentir, experimentar e degustar. Instrumento que possa tangibilizar, dentro do possível, a solução argumentada. A literatura é muito pobre nas questões da importância da cinestesia. A experiência mostra que negociar fora do ambiente de trabalho, como num restaurante ou café, pode ser mais benéfico para uma decisão negocial mais favorável.

Interação:

Como é óbvio, a apresentação não pode ser um monólogo. É preciso interagir com o outro, "encorajá-lo a expor a sua opinião, apresentar as opiniões diferentes, a fazer perguntas" (Lewicki *et al.*, 2014, p. 213). É importante, neste momento, demostrar total aceitação sobre a exposição do ponto de vista do outro, ativar a escuta ativa, afinal, o objetivo é que ambas as partes consigam ganhar. É nesta hora que os dois lados criam valor. Portanto, as opções escolhidas na fase do plano estratégico poderão ser utilizadas na apresentação, mas só criará valor se for reconhecido como algo agregador pelo outro. A criação de valor é interdependente, ou seja, não só depende da parte que apresenta a solução, como também do recetor que a valoriza como tal.

Por fim, algumas recomendações são válidas no CAN (Figura 7):

- "Embora todos os elementos devam fazer parte da apresentação, cabe a cada indivíduo determinar quanto de cada elemento será enfatizado" (Futrell, 2003, p. 265).
- Procure sempre manter o nível de *rapport* alto, pois "estudos comprovam que o nível elevado de confiança facilita as negociações ao passo que os mais baixos tornam as negociações difíceis" (Lewicki *et al.*, 2014, p. 216).
- Lembre-se de procurar "adaptar o composto da apresentação ao estilo comportamental" (p. 222) da outra parte (Futrell, 2003).
- Faça uma *checklist* com todos os detalhes. Prepare-se muito. "Ensaie até que a demonstração flua tranquilamente e pareça natural" (Futrell, 2003, p. 274).

Após passar pelos momentos iniciais, identificar as reais necessidades da contraparte e realizar uma apresentação da negociação adaptada, o próximo momento é contar com o esforço da díade para o fecho do acordo.

7.5 ACORDO

Costumo dizer que a fase do acordo envolve três variáveis: a concessão, que deve ser na hora certa e no momento apropriado, para "alcançar melhores resultados" (Carnevale e Pruitt, 1992, p. 543), o compromisso, que vai além de assinaturas, e sim envolve a palavra, a honra de entregar o que foi prometido e, por fim, o aprendizado.

O acordo é o momento da concordância mútua sobre os parâmetros apresentados e efetiva-se o compromisso da díade. As partes tendem a esforçar-se mais para fechar um acordo quando o não acordo representar prejuízo (Thompson, 1990). Portanto, o "**compromisso**" é a palavra-chave desta fase.

Iniciam-se as concessões para ajustar a solução ao problema as quais são subsidiadas através das opções elencadas na primeira fase. As concessões têm um papel crucial na negociação (Patterson, 2000; Vetschera *et al.*, 2014; Volkema *et al.*, 2011). Precisamos estar preparados para ceder alguma coisa das nossas pretensões iniciais. As partes esperam sempre que haja concessões para que se chegue a um resultado ganha-ganha. Imaginar não ceder nada é já entrar em uma negociação com o propósito de ganhar a qualquer custo (ganha-perde). Afinal, dependendo do que se está a negociar, precisamos imaginar que poderemos voltar a negociar com a outra parte no futuro. Não sabemos o dia de amanhã, por isso, nunca, em hipótese nenhuma, adote uma atitude hostil.

Conforme sugerem Lewicki *et al.* (2014), este é o momento ideal para apresentar até três opções similares e não antagónicas e permitir que a contraparte sinta a sensação de que a decisão está ao seu comando, pois as "pessoas gostam de ter escolhas" (p. 55). Além disso, Lewicki *et al.* (2014) recomendam que o negociador mantenha o controle da negociação, de modo a usar recursos como, por exemplo, pedir à contraparte os dados para emitir um contrato ou a nota fiscal, perguntar se ele deseja pagar no cartão ou à vista, perguntar para quando pode ser agendada a entrega, etc.... São afirmações que ajudam ao negociador se posicionar como se o negócio já estivesse fechado.

Ao concluir qualquer acordo, do mais simples ao mais complexo, é recomendável que se firme um "compromisso" com todos os detalhes, através de e-mail, contratos formais, entre outros. Documentos que possam, em qualquer momento futuro, verificar o que foi tratado. Acordos verbais são frágeis e podem causar desconfortos.

Cada negociação é sempre uma aprendizagem. É necessária uma revisão do que foi atempadamente planeado com o que foi realmente executado. Analise onde foram cometidas falhas. O que poderá ser corrigido para melhoria nas futuras negociações. É saudável, depois de uma negociação concluída, manter o relacionamento interpessoal, uma vez uma nova negociação poderá surgir.

Lembre-se de retornar a ficha de negociação que falamos no plano estratégico e alimentar o seu banco de dados que, com certeza, como vimos no exemplo do FBI, será valioso.

CAPÍTULO 8

CONSIDERAÇÕES FINAIS

A negociação é um processo que envolve o "ego em ação" (Afonso e Machado, 2020, p. 1) e a inteligência emocional, uma válvula condutora que contribui na regulação do comportamento que o ego impõe nas partes em negociação. Contudo, saber negociar com inteligência requer, para além do conhecimento técnico, comportamental e emocional, ter autoconhecimento, auto empatia (3As – Aceitar a si mesmo, Agradecer o aprendizado e Agir para evoluir). Portanto, compreender a si próprio para aí sim, ter a capacidade de se colocar no lugar do outro (empatia).

Um negociador emocionalmente inteligente é preparado, faz planeamento com o máximo de informações possíveis e bem detalhadas do objeto a ser negociado, recolhe informações da contraparte e seus influenciadores e mapeia os interesses envolvidos. Sente-se assim, muito mais confiante e empoderado e sabe como encontrar soluções que satisfaçam ambas as partes em negociação, age com uma abordagem coopetitiva, ou seja, sabe o exato momento de competir ao defender os seus próprios interesses e colaborar ao defender os interesses da outra parte.

Por fim tanto saber negociar bem, quanto ser emocionalmente inteligente é um contributo para a vida, independentemente do ambiente negocial.

REFERÊNCIAS BIBLIOGRÁFICAS

Adler, Rachel F., Francisco Iacobelli, and Yehuda Gutstein. 2016. "Are You Convinced? A Wizard of Oz Study to Test Emotional vs. Rational Persuasion Strategies in Dialogues." *Computers in Human Behavior* 57:75–81.

Adler, Robert S., Benson Rosen, and Elliot M. Silverstein. 1998. "Emotions in Negotiation : How to Manage Fear and Anger." *Negotiation Journal* 161–79.

Afonso, Sidney. 2015. "Vendedor Ressonante." P. 83 in *Como Vender Mais. Os melhores em vendas abordam estratégias para você dominar o mercado*, edited by A. Roma. São Paulo: Editora Leader.

Afonso, Sidney, e Deise Machado. 2020. "Negociação. Ego Em Ação." *X Da Negociação* 1–28.

Andreoni, James, and John H. Miller. 1993. "Rational Cooperation in the Finitely Repeated Prisoner's Dilemma: Experimental Evidence." *The Economic Journal* 103(418):570–85.

Artinger, Sabrina, Nir Vulkan, and Yotam Shem-Tov. 2015. "Entrepreneurs' Negotiation Behavior." *Small Business Economics* 44(4):737–57.

Axelrod, Robert. 1980. "Effective Choice in the Prisoner's Dilemma." *Journal of Conflict Resolution* 24(1):3–25.

Baer, Ruth A., Gregory T. Smith, Jaclyn Hopkins, Jennifer Krietemeyer, and Leslie Toney. 2006. "Using Self-Report Assessment Methods to Explore Facets of Mindfulness." *Assessment* 13(1):27–45.

Bandler, Richard, and John La Valle. 1996. *Engenharia Da Persuasão*. Califórnia - USA: Rocco.

Bandura, Albert, and Dale H. Schunk. 1981. "Cultivating Competence, Self-Efficacy, and Intrinsic Interest through Proximal Self-Motivation." *Journal of Personality and Social Psychology* 41(3):586–98.

Bar-on, Reuven., J. M. Brown, B. D. Kirkcaldy, and E. P.Thomé. 2000. "Emotional Expression and Implications for Occupational Stress; an Application of the Emotional Quotient Inventory (EQ-I)." *Personality and Individual Differences* 28(6):1107–18.

Bar-on, Reuven. 2006. "BarOn Model of Social and Emotional Intelligence (ESI)." *Consortium for Research on Emotional Intelligence in Organizations* 18:13–25.

Bar-on, Reuven. 2013. "15 Fatores Do Modelo de Bar-On." *15 Fatores Do Modelo de Bar-On* 5. Retrieved April 20, 2020 (https://www.reuvenbaron.org/wp/the-5-meta-factors-and-15-sub-factors-of-the-bar-on-model/).

Batool, Bano Fakhra. 2013. "Emotional Intelligence and Effective Leadership." *Journal of Business Studies Quarterly* 4(3):84/94.

Baumeister, Roy F., and Kathleen D. Vohs. 2004. *Self-Regulation - Researh, Theory, and Applications*. edited by R. F. Baumeister and K. D. Vohs. Nova York: The Guilford Press.

Brett, Jeanne, and Leigh Thompson. 2016. "Negotiation." *Organizational Behavior and Human Decision Processes* 136:68–79.

Brooks, Alison Wood, and Maurice E. Schweitzer. 2011. "Can Nervous Nelly Negotiate ? How Anxiety Causes Negotiators to Make Low First Offers , Exit Early , and Earn Less Profit." *Organizational Behavior and Human Decision Processes* 115(1):43–54.

Brown, Helen L., and Arnold M. Wright. 2008. "Negotiation Research in Auditing." *Accounting Horizons* 22(1):91–109.

Campagna, Rachel L., Alexandra A. Mislin, Dejun Tony Kong, and William P. Bottom. 2016. "Strategic Consequences of Emotional Misrepresentation in Negotiation: The Blowback Effect." *Journal of Applied Psychology* 101(5):605–24.

Carnevale, Peter J. 2019. "Strategic Time in Negotiation." *Current Opinion in Psychology* 26:106–12.

Carnevale, Peter J. D., and Alice M. Isen. 1986. "The Influence of Positive Affect and Visual Access on the Discovery of Integrative Solutions in Bilateral Negotiation." *Organizational Behavior and Human Decision Processes* 1(13).

Carnevale, Peter J., and Dean G. Pruitt. 1992. "Negotiation and Mediation." *Annual Review of Psychology* 43(1):531–82.

Carney, Dana R., Amy J. C. Cuddy, and Andy J. Yap. 2010. "Power Posing: Brief Nonverbal Displays Affect Neuroendocrine Levels and Risk Tolerance." *APS - Association for Psychological Science* 21(10):1363–68.

Caroline, Martha, and Carmen L. O. O. Moré. 2009. "Religião e Psicologia : Análise Das Interfaces Temáticas." *Revista Estudos de Religião* 84–114.

Cayuela, Oscar Malfitano, Ramiro Arteaga Requema, Sofia Edith Romano, and Elsa Beatriz Scinica. 2011. *Neuromarketing. Para Recobrar a Confiança Com Os Clientes*. Rio de Janeiro-Brasil: Qualitymark Editora.

Chu, Yun, Jianyu Ma, and William Strong. 2005. "Silent Messages in Negotiations: The Role of Nonverbal Communication in Cross-Cultural Business Negotiations." *Journal of Organizational Culture, Communications and Conflict* 9(2):113–29.

Clark, Kenneth, and Martin Sefton. 2001. "The Sequential Prisoner's Dilemma: Evidence on Reciprocation." *The Economic Journal* 111(468):51–68.

Cohen, Herb. 1980. *Você Pode Negociar Qualquer Coisa*. 2a. Rio de Janeiro-Brasil: Editora Record.

Cohen, Taya. 2010. "Moral Emotions and Unethical Bargaining : The Differential Effects of Empathy and Perspective Taking in Deterring Deceitful Negotiation." *Journal of Business Ethics* 94:569–79.

Colombo, Sylvia. 2009. "Série " Mental " é Pastiche de " House "." *Folha de São Paulo* 1. Retrieved February 4, 2021 (https://www1.folha.uol.com.br/fsp/ilustrad/fq0306200923.htm).

Coob, Casey D., and John D. Mayer. 2000. "Emotional Intelligence - What the Research Says.Pdf." 18.

Cooper, Robert K. 1997. "Applying Emotional Intelligence in the Workplace." *Training & Development* 51(12):31+.

Cooper, Robert K., and Ayman Sawaf. 1997. *Executive EQ: Emotional Intelligence in Leadership and Organizations*. edited by A. P. Book. Nova York: Berklley Publiching Group.

Cotiga, Alin C. 2013. "Intrauterine Experience and Emotional Development of the Fetus: Aspects of Group Therapy Approach." *Procedia - Social and Behavioral Sciences* 84:530–33.

Cuddy, Amy J. C., Caroline A. Wilmuth, and Dana R. Carney. 2012. *The Benefit of Power Posing Before a High-Stakes Social Evaluation*. Vol. 13.

Cunha, Miguel Pina, Rita Campos Cunha, Arménio Rego, and Carlos Cabral Cardoso. 2006. *Manual Do Comportamento Organizacional e Gestão*. 5ª ed rev. Lisboa: Editora RH.

Cunha, Miguel Pina, Rita Campos Cunha, Arménio Rego, Pedro Neves, and Carlos Cabral Cardoso. 2003. *Manual de Comportamento Organizacional e Gestão*. 2ª ed. Lisboa: Editora RH.

Curhan, Jared R., and Jennifer S. Mueller. 2006. "Emotional Intelligence and Counterpart Mood Induction in a Negotiation." *International Journal of Conflict Management* 17(2):110–28.

Dalgleish, Tim. 2004. "The Emotional Brain." *NATURE REVIEWS* 5(July):582–89.

Davidson, Richard J., and William Irwin. 1999. "The Functional Neuroanatomy of Emotion and Affective Style." *Trends in Cognitive Sciences* 3(1):11–21.

Deci, Edward L., and Richard M. Ryan. 1985. "Cognitive Evaluation Theory." P 43–85 in *Intrinsic Motivation and Self-Determination in Human Behavior*. Boston, MA: Springer US.

Deeter-Schmelz, Dawn R., and Jane Z. Sojka. 2003. "Developing Effective Salespeople: Exploring the Link between Emotional Intelligence and Sales Performance." *The International Journal of Organizational Analysis* 11(3):211–20.

Delvecchio, Susan, James Zemanek, Roger McIntyre, and Reid Claxton. 2004. "Updating the Adaptive Selling Behaviours: Tactics to Keep and Tactics to Discard." *Journal of Marketing Management* 20(7–8):859–75.

Dessen, Maria Auxiliadora, and Ana da Costa Polonia. 2007. "A Família e a Escola Como Contextos de Desenvolvimento Humano." *Paidéia (Ribeirão Preto)* 17(36):21–32.

Dienstbier, Richard A. 1984. "The Role of Emotion in Moral Socialization." Pp. 484–514 in *Psychiatry and Psychology Commons Dienstbier,*. Cambridge: Cambridge University Press.

Douglas, Ann. 1957. "The Peaceful Settlement of Industrial and Intergroup Disputes." *Conflict Resolution* 1(1):69–81.

De Dreu, Carsten K. W. 2003. "Time Pressure and Closing of the Mind in Negotiation." *Organizational Behavior and Human Decision Processes* 91(2):280–95.

De Dreu, Carsten K. W. 2004. "Motivation in Negotiation a Social Psychological Analysis." P. 458 in *The Handbook of Negotiation and Culture*, edited by M. J. Gelfand and J. M. Brett. Califórnia - USA: Stanford Business Books.

De Dreu, Carsten K. W., and Gerben A. Van Kleef. 2004. "The Influence of Power on the Information Search, Impression Formation, and Demands in Negotiation." *Journal of Experimental Social Psychology* 40(3):303–19.

Druckman, Daniel, and Mara Olekalns. 2008. "Emotions in Negotiation." *Group Decis Negot* (17):1–11.

Eisenberg, Nancy, and Janet Strayer. 1992. *La Empatia Y Su Desarrollo*. Bilbao - Spain: Indústrias Gráficas Garvica.

Eker, T. Harv. 2014. *Segredos Da Mente Milionária.* edited by Marcador. Marcador.

Ekman, Paul. 1998. *Charles Darwin – The Expression of the Emotions in Man and Animals – Introduction, Afterword and Commentaries by Paul Ekman.* Third Edit. edited by O. U. Press. Nova York: Oxford University Press.

Ekman, Paul. 2003. *Emotions Revealed.* Vol. 328. Nova York: Times Books.

Ekman, Paul, and Wallace V. Friesen. 1969. "The Repertoire of Nonverbal Behavior: Categories, Origins, Usage and Coding." 51.

Elfenbein, Hillary Anger. 2014. "The Many Faces of Emotional Contagion : An Affective Process Theory of Affective Linkage." *Organizational Psychology Review* 4:326–62.

Epstein, Symon. 1998. *Constructive Thinking. The Key to Emotional Intelligence.* edited by B. Library. United State: British Library.

Evans, Kenneth R., Robert E. Kleine, Timothy D. Landry, and Lawrence A. Crosby. 2000. "How First Impressions of a Customer Impact Effectiveness in an Initial Sales Encounter." *Journal of the Academy of Marketing Science* 28(4):512–26.

Exline, Ralph V., and David Messick. 1967. "The Effects of Dependency and Social Reinforcement upon Visual Behaviour during an Interview*." *British Journal of Social and Clinical Psychology* 6(4):256–66.

Faria, José Henrique, and Francis Kanashiro Meneghetti. 2011. "Burocracia Como Organização, Poder e Controle." *RAE - Revista de Administração de Empresas* 51(5):424–39.

Fatehi, Kamal, and Jeongho Choi. 2008. *International Business Management*. 2nd ed. Califórnia - USA: Springer International Publishing.

FBI. 2007. "Crisis Negotiation: How We Respond to Kidnappings." *FBI Federal Bureau of Investigation* 1–2.

Filzmoser, Michael, Patrick Hippmann, and Rudolf Vetschera. 2016. "Analyzing the Multiple Dimensions of Negotiation Processes." *Group Decision and Negotiation* 25(6):1169–88.

Fisher, Roger. 1983. "Negotiating Power." *American Behavioral Scientist* 27(2):149–66.

Fisher, Roger, William Ury, and Bruce Patton. 1991. *Getting To Yes*. Vol. 2. edited by Random House Business Books.

Flaherty, Alice W. 2005. "Frontotemporal and Dopaminergic Control of Idea Generation and Creative Drive." *The Journal of Comparative Neurology* 493:147–53.

Der Foo, Maw, Hillary Anger Elfenbein, Hwee Hoon Tan, and Voon Chuan Aik. 2004. "Emotional Intelligence and Negotiation: The Tension between Creating and Claiming Value." *International Journal of Conflict Management* 15(4):411–29.

Frame, Douglas. 1996. "Maslow ' s Hierarchy of Needs." ©*Kluwer Academic Publishers* 27(1):13–22.

Fulmer, Ingrid Smithey, and Bruce Barry. 2004. "The Smart Negotiator: Cognitive Ability and Emotional Intelligence in Negotiation." *International Journal of Conflict Management* 15(3):245–72.

Futrell, Charles M. 2003. *Vendas. Fundamentos e Novas Práticas de Gestão*. 7a. São Paulo: Editora Saraiva.

Gardner, Howard. 2011. *Frames of Mind The Theory of Multiple Intelligences*. 2nd Edição. edited by Ellen. Nova York: Basic Books.

Gause, Robert, and Diana Coholic. 2010. "Mindfulness-Based Practices as a Holistic Philosophy and Method." *New Scholarship in the Human Services* 9(2):1–23.

Gay, Friedbert. 2007. *Develop Organizations Through People!* Remchingen.

Gelfand, Michele J., Virginia Smith Major, Jana L. Raver, Lisa H. Nishii, and Karen O´Brien. 2006. "Negotiating Relationally : The Dynamics of the Relational Self in Negotiations." *The Academy of Management Review* 31(2):427–51.

Gittell, Jody Hoffer, and Anne Douglass. 2012. "Relational Bureaucracy: Structuring Reciprocal Relationships into Roles." *Academy of Management Review* 37(4):709–33.

Glomb, Theresa M., Michelle K. Duffy, Joyce E. Bono, and Tao Yang. 2011. "Mindfulness at Work." *Research in Personnel and Human Resources Management* 30(February):115–57.

Goleman, Daniel. 1995. *Inteligência Emocional. A Teoria Revolucionária Que Redefine o Que é Ser Inteligente*. 1ª. Rio de Janeiro: Editora Objetiva.

Goleman, Daniel. 1998. *Trabalhar Com Inteligência Emocional*. 3 edicao. Lisboa: Temas e Debates Atividades Editoriais.

Goleman, Daniel, and Richard E. Boyatzis. 2017. "Emotional Intelligence Has 12 Elements. Which Do You Need to Work On?" *Harvard Business Review*.

Goleman, Daniel, Richard E. Boyatzis, and Kenneth S. Rhee. 2000. "Clustering Competence in Emotional Intelliogence: Insights from Emotional Competence Inventroy (ECI)." *Handbook of Emotional Intelligence* 343–62.

Govern, John M., and Lisa A. Marsch. 2001. "Development and Validation of the Situational Self-Awareness Scale." *Consciousness and Cognition* 10(3):366–78.

Gray, Alex. 2016. "The 10 Skills You Need to Thrive in the Fourth Industrial Revolution." *World Economic Forum* 18–20. Retrieved December 18, 2020 (https://www.weforum.org/agenda/2016/01/the-10-skills-you-need-to-thrive-in-the-fourth-industrial-revolution/).

Gremler, Dwayne D., and Kevin P. Gwinner. 2000. "Customer-Employee Rapport in Service Relationships." *Journal of Service Research* 3(1):82–104.

Grigorov, Diyan Nikolov, and A. Francisca Snoeck Henkemans. 2019. "Hypothetical Questions as Strategic Devices in Negotiation." *Negotiation Journal* 35(3):363–85.

Grubb, Amy, and Sarah Brown. 2012. "Hostage (Crisis) Negotiation: The Potential Role of Negotiator Personality, Decision-Making Style, Coping Style and Emotional Intelligence on Negotiator Success." *International Journal of Emergency Mental Health* 14(1):41–55.

Guthrie, Chris P. 2003. "Panacea or Pandora's Box? The Costs of Options in Negotiation." *Iowa Law Review* 88(3):601–54.

Guttman, Robert H., and Pattie Maes. 1998. "Cooperative vs. Competitive Multi-Agent Negotiations in Retail Electronic Commerce." *Lecture Notes in Computer Science (Including Subseries Lecture Notes in Artificial Intelligence and Lecture Notes in Bioinformatics)* 1435:135–47.

Hall, Edward T. 1969. *The Hidden Dimension.* Nova York: Anchor Books Editions.

Hariri, Ahmad R., Venkata S. Mattay, Alessandro Tessitore, Francesco Fera, and Daniel R. Weinberger. 2003. "Neocortical Modulation of the Amygdala Response to Fearful Stimuli." *Biological Psychiatry* 53(6):494–501.

Harvard. 2003. *Harvard Business Essentials: Negotiation.* Harvard Way, Boston, Massachutsetts: Harvard Business School Publishing Corporation.

Hassan, Shahizan, Siti Zaleha Ahmad Nadzim, and Norshuhada Shiratuddin. 2015. "Strategic Use of Social Media for Small Business Based on the AIDA Model." *Procedia - Social and Behavioral Sciences* 172:262–69.

Helm Jr, Herbert W. 1980. "Relationships Between the Four Temperament Types: Sanguine, Choleric, Phlegmatic, and Melancholic, and Leisure Time Physical Activities." Andrews University.

Hjertø, Kjell B., and Vidar Schei. 2010. *When Understanding Your Feelings Hurts Performance: Emotional Intelligence in Negotiating Groups*. Boston.

Hofstede, Geert. 2011. "Dimensionalizing Cultures : The Hofstede Model in Context." *International Association for Cross-Cultural Psychology* 2(8):1–26.

Hofstede, Geert. 2021. "Web Page - Hofstede Insights." Retrieved January 13, 2021 (https://www.hofstede-insights.com/country-comparison/australia,china,germany,india/).

Hofstede, Gert Jan, Catholijn M. Jonker, and Tim Verwaart. 2012. "Cultural Differentiation of Negotiating Agents." *Group Decis Negot* 21:79–98.

Holmes, Michael, Linda Putnam, and Michael Roloff. 1992. "Phase Structures in Negotiation." Pp. 83–106 in *Communication and Negotiation.*

Infopédia, dicionário Porto Editora. 2021a. "Assertividade. Definição Ou Significado." *Infopédia, Dicionário Porto Editora* 1. Retrieved January 26, 2021 (https://www.infopedia.pt/dicionarios/lingua-portuguesa/assertividade Privacidade).

Infopédia, dicionário Porto Editora. 2021b. "Definição Interesse." *Infopédia, Dicionário Porto Editora* 1–2. Retrieved January 31, 2021 (https://www.infopedia.pt/dicionarios/lingua-portuguesa/interesse).

Infopédia, dicionário Porto Editora. 2021c. "Definição Necessidade." *Infopédia, Dicionário Porto Editora* 1–2. Retrieved January 31, 2021 (https://www.infopedia.pt/dicionarios/lingua-portuguesa/necessidade).

Jagodzinska, Katarzyna. 2016. "How to Manage Perception to Win Negotiations." *International Journal of Social Science Studies* 1(4):2.

Jung, C. G. 1915. *O Desenvolvimento Da Personalidade.* Vol. XVIII. edited by D. F. da Silva. CÍRCULO DO LIVRO.

Kadic-Maglajlic, Selma, Irena Vida, Claude Obadia, and Richard Plank. 2016. "Clarifying the Influence of Emotional Intelligence on Salesperson Performance." *Journal of Business and Industrial Marketing* 31(7):877–88.

Katz, Leo, Paul Hare, Edgar F. Borgatta, and Robert F. Bales. 1956. "Small Groups: Studies in Social Interaction." edited by P. A. Hare, E. E. Borgatta, and R. R. Bales. *Journal of the American Statistical Association* 51(274):416.

Kelly, Edward J., and Natalija Kaminskienė. 2016. "Importance of Emotional Intelligence in Negotiation and Mediation." *International Comparative Jurisprudence* 2(1):55–60.

Kersten, Gregory E., Wojtek Michalowski, Stan Matwin, and Stan Szpakowicz. 1988. "Representing the Negotiation Process with a Rule--Based Formalism." *Theory and Decision* 25(3):225–57.

Kim, Kihwan, Nicole L. Cundiff, and Suk Bong Choi. 2014. "The Influence of Emotional Intelligence on Negotiation Outcomes and the Mediating Effect of Rapport: A Structural Equation Modeling Approach." *Negotiation Journal* 30(1):49–68.

Kong, Dejun Tony, Kurt T. Dirks, and Donald L. Ferrin. 2014. "Interpersonal Trust Within Negotiations: MetaAnalytic Evidence, Critical Contingencies, and Directions for Future Research." *Academy of Management Journal* 57(5):1235–55.

Kopelman, Shirli, Ashleigh Shelby Rosette, and Leigh Thompson. 2006. "The Three Faces of Eve: Strategic Displays of Positive, Negative, and Neutral Emotions in Negotiations." *Organizational Behavior and Human Decision Processes* 99(1):81–101.

Kotler, Philip, and Kevin Lane Keller. 2006. *Administração de Marketing*. 12o. ed. São Paulo: Pearson Education.

Krueger, Robert F., Susan South, Wendy Johnson, and William Iacono. 2008. "The Heritability of Personality Is Not Always 50%: Gene-Environment Interactions and Correlations Between Personality and Parenting." *Journal of Personality* 76(6):1485–1522.

Lashkarian, Anita, and Sima Sayadian. 2015. "The Effect of Neuro Linguistic Programming (NLP) Techniques on Young Iranian EFL Learners' Motivation, Learning Improvement, and on Teacher's Success." *Procedia - Social and Behavioral Sciences* 199:510–16.

Lewicki, Roy J., and Beth Polin. 2013. "The Role of Trust in Negotiation Processes." *Handbook of Advances in Trust Research* 29–54.

Lewicki, Roy J., David M. Saunders, and Bruce Barry. 2014. *Fundamentos de Negociação*. 5a. edição. edited by V. de A. Amaral. Porto Alegre: AMGH Editora.

Lincoln, Melinda. 2000. "Negotiation: The Opposing Sides of Verbal and Nonverbal Communication." *Journal of Collective Negotiations (Formerly Journal of Collective Negotiations in the Public Sector)* 29(4):297–306.

Lingo, Elizabeth Long, Colin Fisher, and Kathleen L. McGinn. 2012. *Negotiation Processes as Sources of (and Solutions to) Interorganizational Conflict.*

Machado, Deise. 2015. "Como Se Tornar Um Negociador 4.0." *Revista Rodobens Consórcio* 34.

Mackaye, David L. 1928. "The Interrelation of Emotion and Intelligence." *American Journal of Sociology* 34(3):451 – 464.

Marston, William Moulton. 1928. *Emotions Of Normal People.* edited by 1st. New York: Routledge.

Martinelli, Dante Pinheiro, Flávia Angeli Ghisi Nielsen, and Talita Mauad Martins. 2010. *Negociação: Conceitos e Aplicações Práticas.* 2nd ed. São Paulo: Saraiva Editora.

Martins, Véra. 2005. *Seja Assertivo! Como Conseguir Mais Autoconfiança e Firmeza Na Sua Vida Pessoal e Profissional.* 6a ed. Rio de Janeiro: Alegro.

Maruyama, Magoroh. 1993. "Mindscapes, Individuals, and Cultures in Management." *Journal of Management Inquiry* 2(2):140–55.

Matos, Jorge Luiz. 2008. "Análise Dos Aspectos Comportamentais Através Da Ferramenta DISC." Instituto Superior de Ciências do Trabalho e da Empresa - ISCTE Business School.

Matos, Jorge Luiz, e Vânia Portela. 2012. *Talento Para a Vida. Descubra e Desenvolva Seus Pontos Fortes.* 5ª. Rio de Janeiro-Brasil: Etalent.

Mayer, Bernard. 1987. "The Dynamics of Power in Mediation and Negotiation." *Mediation Quarterly* 75–86.

Mayer, John D., Maria DiPaolo, and Peter Salovey. 1990. "Perceiving Affective Content in Ambiguous Visual Stimuli: A Component of Emotional Intelligence." *Journal of Personality Assessment* 54(3–4):772–81.

Mayer, John D., Richard D. Roberts, and Sigal G. Barsade. 2008. "Human Abilities: Emotional Intelligence." *Annual Review of Psychology* 59(1):507–36.

Mayer, John D., Peter Salovey, and David R. Caruso. 2004. "TARGET ARTICLES: 'Emotional Intelligence: Theory, Findings, and Implications.'" *Psychological Inquiry* 15(3):197–215.

Mayer, John D., Peter Salovey, David R. Caruso, and Gill Sitarenios. 2003. "Measuring Emotional Intelligence with the MSCEIT V2.0." *Emotion* 3(1):97–105.

McKenna, Mindi K., Charlotte D. Shelton, and John R. Darling. 2002. "The Impact of Behavioral Style Assessment on Organizational Effectiveness: A Call for Action." *Leadership & Organization Development Journal* 23(6):314–22.

McMenamin, Patricia. 1976. "Assessment of Visual-Perceptual Problems in Relation to Self-Care Activities." *British Journal of Occupational Therapy* 39(1):6–8.

Mehrabian, Albert. 1969. "Significance of Posture and Position in the Communication of Attitude and Status Relationships." *Psychological Bulletin* 71(5):359–72.

Meksenas, Paulo. 1991. *Aprendendo Sociologia - A Paixão de Conhecer a Vida.* edited by Loyola.

Miles, Edward W. 2013. "Developing Strategies for Asking Questions in Negotiation." *Negotiation Journal* 29(4):383–412.

Millar, Sarah Kate, Anthony Oldham, and Mick Donovan. 2011. "Coaches Self-Awareness of Timing, Nature and Intent of Verbal Instructions to Athletes." *International Journal of Sports Science and Coaching* 6(4):503–13.

Myers, Steve. 2016. "Myers-Briggs Typology and Jungian Individuation." *Journal of Analytical Psychology* 61(3):289–308.

Nadler, Janice. 2003. "Rapport in Negotiation and Conflict Resolution." *Marquette Law Review* 285(1990):875–82.

Nan, Susan Allen. 2011. "Consciousness in Culture-Based Conflict and Conflict Resolution." *Conflict Resolution Quarterly* 28(3):239–62.

Noesner, G. W., and M. Webster. 1997. "Crisis Intervention: Using Active Listening Skills in Negotiations." *FBI Law Enforcement Bulletin* 66(8):13–19.

O'Connor, Kathleen M., Josh A. Arnold, and Ethan R. Burris. 2005. "Negotiators' Bargaining Histories and Their Effects on Future Negotiation Performance." *Journal of Applied Psychology* 90(2):350–62.

O'Connor, Joseph. 2017. *Manual de Programacao Neurolinguistica--PNL: Um Guia Prático Para Alcançar Os Resultados Que Você Quer*. edited by 13a. Rio de Janeiro-Brasil: Qualitymark Editora.

O'Connor, Joseph, and John Seymour. 1990. *Introdução a Programação Neurolinguística. Como Entender e Influenciar as Pessoas*. Vol. 53. São Paulo: Summus Editorial Ltda.

Park, Robert. E., and Ernest. W. Burgess. 1924. *Introduction to the Science of Sociology*. 2d ed. edited by U. of C. Press. Chicago: University of Chicago Press.

Patterson, James L. 2000. "Bargaining for Advantage: Negotiation Strategies for Reasonable People by G. Richard Shell Is Reviewed." Pp. 67–68 in *Journal of Supply Chain Management*. Vol. 36, edited by J. L. Patterson.

Pease, Barbara, and Allan Pease. 2004. *Desvendando Os Segredos Da Linguagem Corporal*. Rio de Janeiro: Editora Sextante.

Pease, Barbara, and Allan Pease. 2006. "The Definitive Book of Body Language - Understanding The Basic." *The New York Tines* 5. Retrieved January 25, 2021 (https://www.nytimes.com/2006/09/24/books/chapters/0924-1st-peas.html).

Phelps, Elizabeth A., and Adam K. Anderson. 1997. "Emotional Memory: What Does the Amygdala Do?" *Current Biology* 7(5):311–14.

Pietroni, Davide, Gerben A. Van Kleef, Carsten K. W. De Dreu, and Stefano Pagliaro. 2008. "Emotions as Strategic Information: Effects of Other's Emotional Expressions on Fixed-Pie Perception, Demands, and Integrative Behavior in Negotiation." *Journal of Experimental Social Psychology* 44(6):1444–54.

Pinder, Craig C. 2008. *Work Motivation in Organization Behavior*. 2nd Ed. Great Britain: Psychology Press.

Pipaş, Maria Daniela, and Mohammad Jaradat. 2010. "Assertive Communication Skills." *Annales Universitatis Apulensis Series Oeconomica* 2(12):649–56.

Plutchik, Robert, and Henry Kellerman. 1980. *Emotion Theory, Research, and Experience.* edited by Academic Press. Nova York: Academic Press.

Pretz, Jean E., and Robert J. Sternberg. 2005. "Unifying the Field Cognition and Intelligence." P. 345 in *Cognition and Intelligence Identifying the Mechanisms of the Mind*, edited by R. J. Sternberg and J. E. Pretz. Nova York: Cambridge University Press.

Pruitt, Dean G. 1981. *Negotiation Behavior*. Nova York: Academic Press.

Pulido-Martos, Manuel, Esther Lopez-Zafra, and Jose M. Augusto-Landa. 2013. "Perceived Emotional Intelligence and Its Relationship with Perceptions of Effectiveness in Negotiation." *Journal of Applied Social Psychology* 43(2):408–17.

Rackham, Neil. 2009. *Alcançando Excelência Em Vendas: SPIN Selling. Construindo Relacionamentos de Alto Valor Para Seus Cliente.*

2n ed. edited by M. B. do B. Editora. São Paulo: M.Books do Brasil Editora.

Reniers, Renate L. E. P., Rhiannon Corcoran, Richard Drake, Nick M. Shryane, and Birgit A. Völlm. 2011. "The QCAE: A Questionnaire of Cognitive and Affective Empathy." *Journal of Personality Assessment* 93(1):84–95.

Riess, Helen, and Gordon Kraft-Todd. 2014. "E.M.P.A.T.H.Y.: A Tool to Enhance Nonverbal Communication Between Clinicians and Their Patients." *Academic Medicine* 89(8):1108–12.

Robbins, Stephen, and Timothy Judge. 2003. *Organizational Behavior*. 15th ed. edited by Editora Pearson. United State: Prentice Hall.

Ross, Adam, Hugh McManus, Donna Rhodes, and Daniel Hastings. 2010. "Role for Interactive Tradespace Exploration in Multi- Stakeholder Negotiations." *American Institute of Aeronautics and Astronautics* 1–17.

Rowley, Jennifer. 2012. "Conducting Research Interviews." *Management Research Review* 35(3/4):260–71.

Rubin, Jeffrey, and Bert Brown. 1975. *The Social Psychology of Bargaining and Negotiation*. edited by Academic Press Inc. Nova York: A subsidiary of Harcourt Brace Javanovich.

Ryan, Richard M., and Edward L. Deci. 2000. "Self-Determination Theory and the Facilitation of Intrinsic Motivation, Social Development, ande Well-Being." *American Psychological Association* 55(1):68–78.

Salovey, Peter, and John D. Mayer. 1990. "Emotional Intelligence. Imagination, Cognition and Personality." *PsycINFO Database Record* 9(3):185–211.

Salovey, Peter, and John D Mayer. 1990. "Emotional Intelligence." *Imagination, Cognition and Personality* 9(3):185–211.

Samuel, Jesús. 2019. "Inteligencia Emocional." *Revista de Educación, Motricidad e Investigación* (4):92.

Scarr, Sandra. 1989. "Protecting General Intelligence: Constructs and Consequences for Interventians." P. 222 in *Intelligence. Measurement Theory, and Public Policy*, edited by R. L. Linn. Chicago: University of Illions Press.

Schelling, Thomas C. 1980. *The Strategy of Conflict*. USA: Library of Congress Catalog Card Number 60 - 11560.

Schimmack, Ulrich. 1996. "Cultural Influences on the Recognition of Emotion by Facial Expressions." *Journal of Cross-Cultural Psychology* 27(1):37–50.

Schlegel, Katja, Marc Mehu, Jacobien M. van Peer, and Klaus R. Scherer. 2018. "Sense and Sensibility: The Role of Cognitive and Emotional Intelligence in Negotiation." *Journal of Research in Personality* 74:6–15.

Schwab, Klaus, and Saadia Zahidi. 2020. *The Future of Jobs Report 2020 | World Economic Forum*.

Segal, Jeanne. 2001. *Como Desenvolver a Inteligência Emocional*. 1a.edição. Lisboa: Rocco.

Sharma, Sudeep, William P. Bottom, and Hillary Anger Elfenbein. 2013. "On the Role of Personality, Cognitive Ability, and Emotional Intelligence in Predicting Negotiation Outcomes." *Organizational Psychology Review* 3(4):293–336.

Sharpley, Christopher F. 1987. "Research Findings on Neurolinguistic Programming: Nonsupportive Data or an Untestable Theory?" *Journal of Counseling Psychology* 34(1):103–7.

Shell, Richard G. 2011. *Bargaining For Advantage - Negotiation Strategies for Reasonable People*. Second Edi. Nova York: Penguin Books.

Sinaceur, Marwan, Shirli Kopelman, Dimitri Vasiljevic, and Christophe Haag. 2015. "Weep and Get More: When and Why Sadness Expression Is Effective in Negotiations." *Journal of Applied Psychology* 100(6):1847–71.

Sinek, Simon. 2009. *Start with Why: How Great Leaders Inspire Everyone to Take Action*. Minion - USA: Penguin Group (USA).

Singer, Tania, and Claus Lamm. 2009. "The Social Neuroscience of Empathy." *Annals of the New York Academy of Sciences* 1156(1):81–96.

Slowikowski, Mary Kay. 2005. "Using the DISC Behavioral Instrument to Guide Leadership and Communication." *AORN Journal* 82(5):835–43.

Sparks, Donald. 1992. *A Dinâmica Da Negociação Efetiva - Como Ser Bem-Sucedido Através de Uma Abordagem Ganha-Ganha*. 2a. Edição. São Paulo.

Stanlley, Colleen. 2013. *Emotinal Intelligence for Sales Sucess: Conecy with Customers and Get Result*. edited by AMACON - American Management Association. Nova York: AMACON - American Management Association.

Stansfield, John, and Louise Bunce. 2014. "The Relationship Between Empathy and Reading Fiction : Separate Roles for Cognitive and Affective Components." *Journal of European Psychology Students* 3(5):9–18.

Steiner, Claude. 1979. *Healing Alcoholism*.

Steiner, Claude. 2003. *Emotional Literacy ; Intelligence with a Heart By Claude Steiner PhD Table of Contents*.

Stroh, Vladimir, and Sergey Serov. 2011. "The Impact of Emotional Intelligence Level on Negotiation Effectiveness." *Organizatsionnaya Psikologya* 1:8–23.

Sun-Tzu. 2015. *A Arte Da Guerra*. São Paulo: Novo Século Editora.

Takeuchi, Hikaru, Hiroaki Tomita, Taki Yasuyuki, Yoshie Kikuchi, Chiaki Ono, Zhiquian Yu, Atsushi Sekiguchi, Rui Nouchi, Yuka Kotozaki, Seishu Nakagawa, Yuki Yamamoto, Sugiko Hanawa, Tsuyoshi Araki, Hiroshi Hashizume, Keiko Kunitoki, Yuko Sassa, and Ryuta Kawashima. 2015. "The Associations among the Dopamine D2 Receptor Taq1, Emotional Intelligence, Creative Potential Measured by Divergent Thinking, and Motivational State and These Associations' Sex Differences." *Frontier in Psychology* 6:1–12.

Tao, Xuehong, Zhiqi Shen, Chunyan Miao, Yin Leng Theng, Yuan Miao, and Han Yu. 2010. "Automated Negotiation through a Cooperative-Competitive Model." *Studies in Computational Intelligence* 319:161–78.

Testa, Daniel, and Varunee Faii Sangganjanavanich. 2016. "Contribution of Mindfulness and Emotional Intelligence to Burnout Among Counseling Interns." *Counselor Education and Supervision* 55(2):95–108.

Thompson, Leigh. 1990. "Negotiation Behavior and Outcomes: Empirical Evidence and Theoretical Issues." edited by Elsevier Editora. *Psychological Bulletin* 108(3):515–32.

Thorndike, R. L., and S. Stein. 1937. "An Evaluation of the Attempts to Measure Social Intelligence." *Psychological Bulletin* 34(5):275–85.

Tickle-Degnen, Linda, and Robert Rosenthal. 1990. "The Nature of Rapport and Its Nonverbal Correlates." *Psychological Inquiry* 1(4):285–93.

Tolle, Eckhart. 2002. *O Poder Do Agora. Um Guia Para a Iluminação Espiritual*. Rio de Janeiro-Brasil: GMT Editores.

Ury, William. 2015. *Como Chegar Ao Sim Com Você Mesmo. O Primeiro Passo Em Qualquer Negociação, Conflito Ou Conversa Difícil.* Rio de Janeiro: Editora Sextante.

Vetschera, Rudolf. 2013. "Negotiation Processes: An Integrated Perspective." *EURO Journal on Decision Processes* 1(1–2):135–64.

Vetschera, Rudolf, Michael Filzmoser, and Ronald Mitterhofer. 2014. "An Analytical Approach to Offer Generation in Concession-Based Negotiation Processes." *Group Decision and Negotiation* 23(1):71–99.

Vieira, Andressa Cònsentino, and Mara Behlau. 2009. "Análise de Voz e Comunicação Oral de Professores de Curso Pré-Vestibular." *Rev Soc Bras Fonoaudiol* 14(3):1-346–51.

Volkema, Roger J., Denise Fleck, and Agnes Hofmeister. 2011. "Getting off on the Right Foot: The Effects of Initial Email Messages on Negotiation Process and Outcome." *IEEE Transactions on Professional Communication* 54(3):299–313.

Watkins, Michael. 2002. *Breakthrough Business Negotiation: A Toolbox for Managers*. San Francisco: Jossey-Bass Publishers.

Weber, Max. 2015. *A Ética Protestante e o "Espírito" Do Capitalismo*. Editorial. Editorial Presença.

Weisinger, Hendrie. 1998. *Emotional Intelligence at Work: The Untapped Edge for Sucess*. 1st ed. São Francisco, Califórnia-USA: Jossey-Bass Publishers.

Wellman, Henry M., and Susan A. Gelman. 1992. "Cognitive Development: Foundational Theories of Core Domains." *Annual Review of Psychology* 43(1):337–75.

Wheeler, Michael. 2014. *A Arte Da Negociação - Como Improvisar Acordos Em Um Mundo Caótico*. São Paulo: Grupo Leya.

Wicklund, Robert A. 1975. "Objective Self-Awareness." Pp. 233–75 in *Advances in Experimental Social Psychology Volume 8*. Vol. 8.

Wilson, Steven R., and Linda L. Putnam. 1990. "Interaction Goals in Negotiation." *Annals of the International Communication Association* 13(1):374-406,.

Wise, Vicki L. 2011. "Book Review - Start With Why: How Great Leaders Inspire Everyone to Take Action. Simon Sinek." *Research e Practice in Assessement* 64.

Wisker, Zazli Lily, and Athanasios Poulis. 2017. "Emotional Intelligence and Sales Performance. A Myth or Reality?" *International Journal of Business and Society* 16(2):185–200.

Woodsmall, Wyatt. 1990. "Behavioral Modeling." *Journal of Human Perfomance Technologies*, December, 9–12.

Yuan, Yue. 2021. "Mindfulness Training on the Resilience of Adolescents under the COVID-19 Epidemic: A Latent Growth Curve Analysis." *Personality and Individual Differences* 172:110560.

Zalta, Edward N., Uri Nodelman, Colin Allen, and R. Lanie. Anderson. 1997. "Prisoner's Dilemma." *Stanford Encyclopedia of Philosophy* 1–37. Retrieved January 23, 2021 (https://plato.stanford.edu/entries/prisoner-dilemma/).

Zehetner, Andreas, and Joerg Kraigher-Krainer. 2017. "The Relationship between Emotional Intelligence and Negotiation Performance." Pp. 55–71 in Cross-Cultural Business Conference 2017. Germany.

Tenho vinte anos de experiência na gestão de equipe de Vendas (Retalho de luxo, Indústria Alimentar, Indústria Farmacêutica e Indústria da Construção Civil). Além de ter dez anos de experiência na formação e coaching nas áreas de vendas e negociação. Atuei durante dois anos como formadora de vendas e negociação na Escola de Economia e Gestão da Uminho Portugal.

Atualmente sou Gestora de recrutamento e formação de pessoas no Retalho de Luxo em Portugal.

Concluí o curso de Master in Marketing and Strategy (Uminho Portugal), MBA Marketing with Sales (FGV Brasil), Pos-Graduation in Conflict Management (UNINI – Porto Rico) and Pós-Graduation in Sales and Negotiation Management (UCAM – Brasil), Licenciatura em Marketing. Sou especialista em perfil comportamental DISC; Master in PNL - NLP™ e Richard Bandler™, Professional Coaching e Mentoring - ICF, CCE, ISOR® (Holos). Publicação do artigo "Negociador 4.0" na Revista Rodobons edição 106/2015;

www.ingramcontent.com/pod-product-compliance
Lightning Source LLC
LaVergne TN
LVHW090307051026
849518LV00005B/1686

* 9 7 8 6 5 8 3 2 0 2 0 5 5 *